La villa rustica di *C. Olius Ampliatus*

Suburbio sud-orientale di Napoli (Ponticelli)

Sergio Cascella
Giuseppe Vecchio

SOPRINTENDENZA AI BENI ARCHEOLOGICI DI NAPOLI

BAR International Series 2608
2014

Published in 2016 by
BAR Publishing, Oxford

BAR International Series 2608

La villa rustica di C. Olius Ampliatus

ISBN 978 1 4073 1239 2

© The authors individually and the Publisher 2014

The authors' moral rights under the 1988 UK Copyright,
Designs and Patents Act are hereby expressly asserted.

All rights reserved. No part of this work may be copied, reproduced, stored,
sold, distributed, scanned, saved in any form of digital format or transmitted
in any form digitally, without the written permission of the Publisher.

BAR Publishing is the trading name of British Archaeological Reports (Oxford) Ltd.
British Archaeological Reports was first incorporated in 1974 to publish the BAR
Series, International and British. In 1992 Hadrian Books Ltd became part of the BAR
group. This volume was originally published by Archaeopress in conjunction with
British Archaeological Reports (Oxford) Ltd / Hadrian Books Ltd, the Series principal
publisher, in 2014. This present volume is published by BAR Publishing, 2016.

Printed in England

PUBLISHING

BAR titles are available from:

	BAR Publishing
	122 Banbury Rd, Oxford, OX2 7BP, UK
EMAIL	info@barpublishing.com
PHONE	+44 (0)1865 310431
FAX	+44 (0)1865 316916
	www.barpublishing.com

INDEX

Referenze fotografiche	iii
Introduzione e ubicazione topografica del sito Sergio Cascella, Giuseppe Vecchio	1
Inquadramento storico Sergio Cascella, Giuseppe Vecchio	3
Tipologia architettonica della villa Sergio Cascella	7
Cronologia e fasi di costruzione Sergio Cascella, Giuseppe Vecchio	13
La struttura della villa: La pars rustica Sergio Cascella	17
La struttura della villa: La pars urbana Sergio Cascella	35
L'eruzione del 79 d.C. Depositi eruttivi e dinamica del seppellimento Sergio Cascella, Mauro Antonio Di Vito	41
Il ritrovamento della vittima dell'eruzione Sergio Cascella, Giuseppe Vecchio	47
L'individuo morto durante l'eruzione: evidenze tafonomiche e studio paleobiologico preliminare Luciano Fattore	49
Gli oggetti rinvenuti presso la vittima dell'eruzione Sergio Cascella	53
Il signaculum di *C. Olius Ampliatus* e la proprietà della villa Sergio Cascella	59
L'istrumentum domesticum Sergio Cascella	61
I bolli su prodotti laterizi Sergio Cascella	77
Le terrecotte architettoniche Sergio Cascella	81
Bolli e graffiti sull'opus doliare Sergio Cascella	83
Nota sull'occupazione del sito in epoca post 79 d.c. Sergio Cascella, Giuseppe Vecchio	87
Conclusioni Sergio Cascella, Giuseppe Vecchio	95
Abbreviazioni Bibliografiche	97

Referenze fotografiche

Tutte le foto sono state eseguite da Sergio Cascella, tranne la fig. 5, fornita gentilmente dal Prof. Giuseppe Maggi.

Introduzione e ubicazione topografica del sito

Sergio Cascella

*Archeologo libero professionista,
collaboratore esterno delle Soprintendenze ai Beni Archologici della Campania
sergio176@alice*

Giuseppe Vecchio

*Funzionario Archeologo presso la Soprintendenza Speciale per i Beni Archeologici di Napoli
giuseppe.vecchio@beniculturali.it*

Between 1985 and 1987, the Superintendence for Archaeological Heritage of Naples and Caserta did the archaeological surveys on the far eastern outskirts of Naples during the construction of some buildings designed after the 1980 earthquake that devastated Campania. The result of the excavation was the discovery of two Roman villas. The first, subject of this study, was destroyed during the famous eruption in 79 AD and the second, dating to the II AD. constitutes the proof of the reoccupation of this territory during the Middle Empire.

KEYWORDS: Villae Rusticae , Roman Pottery, Olive Oil, Wine, Eruption of 79 A. D., Ancient Campania

Il quartiere "Ponticelli" è oggi il polo di espansione più rilevante della periferia orientale di Napoli. Dal punto di vista amministrativo, esso fa parte della VI Municipalità ed è delimitato a sud dall'abitato di S. Giorgio a Cremano, a est dai comuni di Cercola, Massa di Somma e S. Sebastiano al Vesuvio mentre, a ovest, dal Mar Tirreno.

Fino al 1926, Ponticelli era un comune a se stante, caratterizzato da una spiccata connotazione agricola, essendo solo in minima parte occupato dal tessuto urbano. Ampi settori erano disseminati di orti, giardini, masserie e casali che si stemperavano in un pianoro che, con una pendenza di appena 4°, degradava dolcemente verso la costa che non aveva ancora conosciuto il degrado urbanistico e ambientale che oggi la contraddistingue.

Quest'originaria conformazione è oggi totalmente irriconoscibile. Infatti, il livello di conurbazione è tale da aver non solo fagogitato il vecchio centro storico, ma anche cancellato quasi del tutto ogni traccia dei molti casali e canali che solcavano queste fertili terre poste alle falde del Vesuvio.

Com'è accaduto per molte altre periferie di grandi città italiane, al degrado ambientale e urbanistico si è oggi aggiunto un profondo disagio della compagine sociale, piagata dalla cronica mancanza di lavoro che ha favorito la proliferazione di un alto tasso di criminalità.

In questa situazione, nell'ambito della legge 219 per la ricostruzione post terremoto del 1980, il Commissariato Straordinario di Governo del Comune di Napoli, iniziò in contrada "Tufarelli", a monte di Via Bartolo Longo e tra Via Decio Mure e Via della Villa Romana, la costruzione di un rione per l'edilizia residenziale popolare (Lotto O),

Fig. 1 Il territorio tra Neapolis e il Vesuvio: localizzazione del sito di Ponticelli

situato nell'estrema propaggine sud-orientale del quartiere di Ponticelli (fig. 1).

Durante l'esecuzione dei lavori, il rinvenimento di un consistente gruppo di reperti archeologici, indusse l'allora Soprintendenza per i Beni Archeologici di Napoli e Caserta a sospendere i lavori e a disporre sull'area un'approfondita indagine archeologica, eseguita tra il 1985 e il 1987.

Lo scavo portò all'individuazione di due ville rustiche romane (coordinate geografiche: 40°50'49.67"N; 14°20'40.84"E): la più antica (POZZI 1988.706 ss; VECCHIO 1988.11 ss.), databile nelle sue fasi iniziali a età tardo-repubblicana (fig. 2, n.1), costituisce per ora l'unico esempio di azienda agricola romana integralmente scavata lungo il versante nord-occidentale del Vesuvio, ma anche

Fig. 2 Napoli-Ponticelli: Il Lotto O e le ville romane

la testimonianza della catastrofe del 79 d.C. più prossima all'antico centro urbano di *Neapolis*.

La seconda villa (fig. 2, n. 2-4), invece, arricchisce il quadro delle testimonianze sul processo di rioccupazione di questo territorio all'indomani dell'eruzione poiché, le sue strutture murarie e le annesse necropoli, si datano nelle loro fasi iniziali a epoca tardo-traianea.

Giacché la disposizione di quest'ultimo insediamento interferiva direttamente con i fabbricati in corso di realizzazione, la Soprintendenza concentrò l'indagine archeologica su questa evidenza mentre, lo scavo della villa n. 1, essendo posto in un'area del cantiere libera da costruzioni, fu temporaneamente sospeso.

A questa pecca è stato posto rimedio nel 2007-08 nel corso di un'altra campagna di scavo e restauro, eseguita con finanziamenti P.O.R. Campania 2000-06[1], con la quale è stato portato completamente in luce anche quest'ultimo monumento.

Naturalmente, occorre precisare che il presente lavoro deve considerarsi assolutamente preliminare poiché, sia lo studio della suppellettile, che quello concernente l'intera problematica che queste scoperte hanno comportato per la ricostruzione storica e archeologica di questo territorio, è tuttora in corso.

Infine, è doveroso un ringraziamento particolare a tutto il personale della Soprintendenza, per il sostegno dato durante le operazioni di scavo, al personale del laboratorio di restauro del Museo Archeologico di Napoli e agli architetti, Dante Di Cresce e Carla Quatrano che curarono la redazione dei rilievi archeologici.

---

[1] P.O.R. Campania 2000-06 Cod. ISANCNA004 D.D.R.C. n.41 del 20/2/2006 - Lavori di completamento e valorizzazione dell'area Archeologica della Villa Suburbana di Ponticelli (Na).

Inquadramento storico

Sergio Cascella, Giuseppe Vecchio

The original geomorphological structure of the territory in the east of Naples was in ancient times traversed by many channels that drained the surface water toward the course of a river, now largely disappeared, which scholars identify with the mythical Σεπειθοσ-Sebethus. The existence of a river that flowed in the east of Naples is supported by the testimony of Virgil, Statius and Columella. It is therefore plausible that the abundance of spring water and the fertility of volcanic soil, have favored the intensive agricultural exploitation of this region that as early as the V century BC was an integral part of the chora south-east of Neapolis. This has been confirmed by the discoveries made by Giglioli in 1922. The Italian archaeologist found a vast necropolis, dating from the middle of the IV century B.C. and a large wall made of of large blocks of hewn stone, conserved for more than 2 m high, to connect most probably to a nearby settlement. The data we possess for the Roman period allow you a more precise reconstruction of the landscape. Our villa is situated about 68 m. above sea level and its orientation (major axis east-west to north 325°) is consistent with the orientation of the limites (fig. 4) of the cadastre of the Augustan age of Neapolis. This scenary, then as now, was dominated by the impending mass of Mount Vesuvius that located only 5 km distant as the crow flies from the villa. The Vesuvius, however, before the 79 AD, looked very different from today's. The volcano was, in fact, consisting only of Mount Somma whose southwestern flank was torn down to the sea after the collapse of the caldera happened after the big explosive eruption of 1880/1680 BC, known as "Eruzione delle Pomici di Avellino". It is this proximity to the volcano sealed the fate of our site. Unexpectedly, in fact, the catastrophe of 79 AD had the devastating repercussions also in this area which is only 7 km as the crow flies from the center of Naples, which until now was believed to have been only marginally invested from the disastrous effects of this eruption. In fact, both the villa of Ponticelli and that identified in the town of St. Sebastiano al Vesuvio support the hypothesis that during this cataclysm this land has been destroyed till to the coast. It took at least 40-50 years before in the entire area it restored the roads and return to repopulate the countryside of agricultural settlements.

Il fiume scomparso

Come accennato, l'originaria struttura geomorfologica del territorio a oriente di Napoli era in antico solcata da molti canali e fossi[1] che drenavano le acque superficiali e di falda verso il corso di un fiume, oggi in gran parte scomparso, che identifichiamo con il mitico Σεπειθοσ (fig. 3).

L'esistenza di un fiume che scorreva nel territorio neapolitano è riportata da Virgilio[2], Stazio[3] e Columella[4], ma in nessuno di questi autori esistono riferimenti geografici tali che possano farne localizzare con precisione il corso. Tuttavia, è molto probabile che la *Parthenope* bagnata dal Sebeto, riferita da Columella, sia una dotta citazione con cui l'autore voleva intendere il territorio neapolitano nel suo complesso. È, infatti, improbabile che il Sebeto potesse fluire tra *Neapolis* e l'insediamento arcaico di *Parthenope*, notoriamente collocato sul colle di Pizzofalcone, poiché, in questo caso, dovremmo dare dignità di fiume a uno di quei tanti rivoli stagionali che hanno per millenni inciso le colline che circondavano la città di Napoli formando profonde forre, così com'è accaduto per la cosidetta "Lava dei Vergini" che ha scavato il vallone poi occupato dal rione Sanità.

Piuttosto, l'unico corso d'acqua con una portata tale da poter essere considerato un fiume vero e proprio era quello che fino al XVIII secolo nasceva ai piedi del Vesuvio, presso le sorgenti della Bolla, scorreva a oriente di Napoli e, una volta oltrepassato il Ponte della Maddalena, si gettava in mare con un'ampia foce (MANCINI 1989).

Che il Sebeto non fosse un semplice ruscello, ma un vero fiume, sebbene di breve percorso, è reso evidente dalle raffigurazioni presenti sugli oboli d'argento di *Neapolis*. Queste monete, infatti, mostrano, sul dritto, la testa di una divinità fluviale resa di profilo, con un corno sulla fronte e la legenda Σεπειθοσ mentre, sul rovescio, presentano la figura di una ninfa alata, seduta su una *hydria* rovesciata, che può essere identificata con la *nympha Sebethis* (CANTILENA 1985, 355).

Del resto ancora nel XVI secolo, il territorio a oriente di Napoli appare nella pianta del Lafrery (1566) costellato di canali e mulini mossi dall'acqua del fiume.

L'assetto del territorio nel IV sec. a.C.

È dunque credibile che la ricchezza di acque sorgive, la fertile natura vulcanica dei suoli e lo stesso corso del Sebeto abbia favorito l'intenso sfruttamento agricolo di questa regione, sin dai tempi più antichi. È altresì probabile che l'intero bacino idrografico del fiume e gli alti morfologici su di esso gravitanti siano stati parte integrante della *chora* sud-orientale di *Neapolis* forse già dal V sec. a.C.

Purtroppo, la massiccia conurbazione e la mancanza di ricerche archeologiche, rendono molto difficile la ricostruzione dell'assetto antico di questo territorio.

---

[1] Questa rete di fossati è chiaramente visibile nella cartografia storica a cominciare dalla carta di D. Spina: *La Campagna Felice meridionale 1761*.
[2] Verg. *Aen.*,7, 735.
[3] Stazio, *Silv.* II, 262-265.
[4] Col., *De Re Rust*. X, 130.

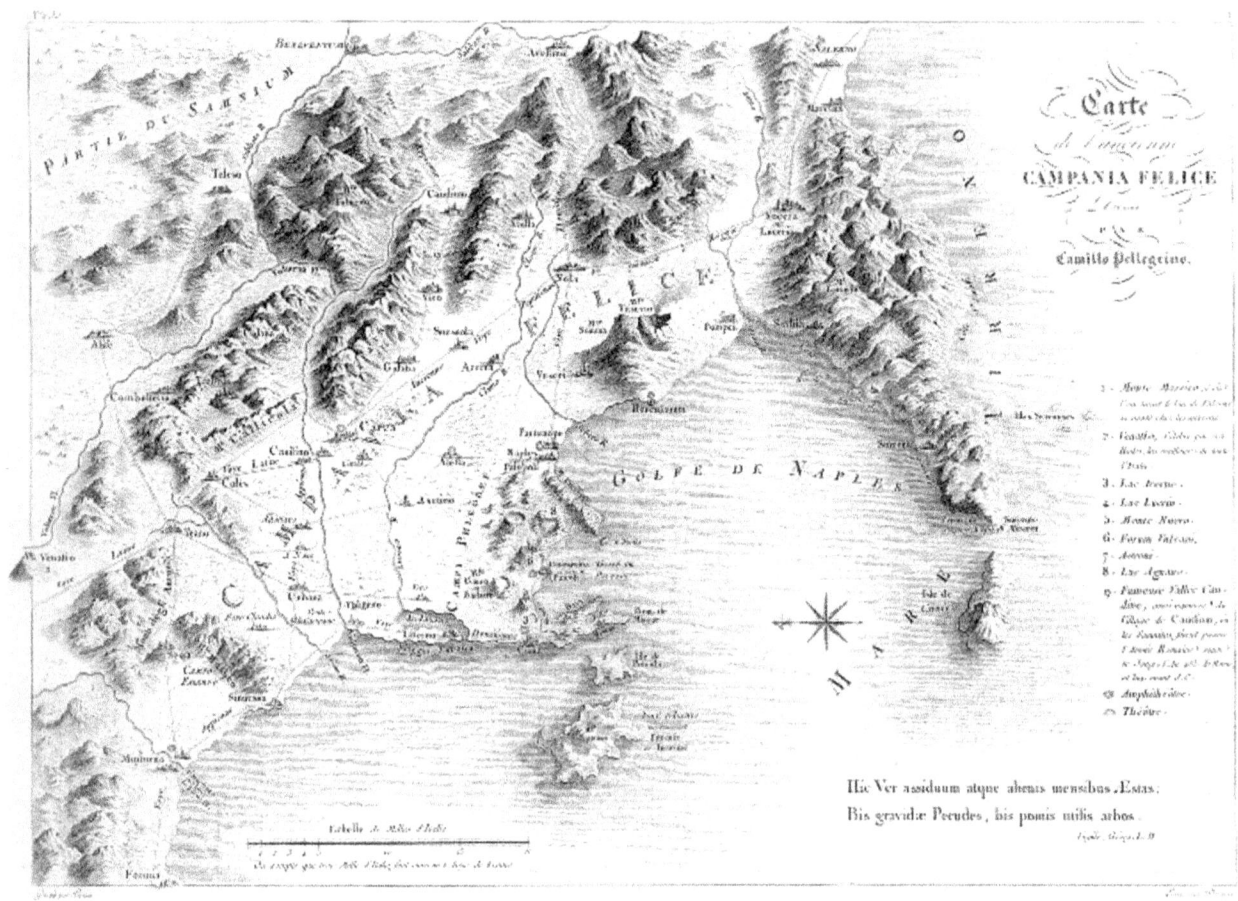

Fig. 3 Camillo Pellegrino - Carte de l'Ancienne Campania Felice

L'enorme buco di testimonianze archeologiche esistente tra il centro antico di Napoli e il sito di Ercolano è, infatti, in massima parte imputabile al fatto che la stragrande maggioranza dei siti è stata distrutta senza alcuna documentazione tra la fine del XIX e nel corso di tutto il XX secolo.

Tuttavia, i rinvenimenti effettuati da Giglioli nel 1922 (GIGLIOLI 1922.257 ss; GIAMPAOLA 1985.302 ss.), attestano la presenza nella località *Purgatorio* di una vasta necropoli databile alla metà del IV sec. a.C. Le metodologie di indagine, mirate esclusivamente al recupero dei corredi funerari, non consentirono di chiarire la cronologia e la funzione di un grosso muro realizzato in opera quadrata di blocchi di tufo, conservato per oltre 2 m di altezza, venuto in luce a poca distanza dalle tombe.

Pertanto, anche se questo rinvenimento costituisce sicuramente un chiaro indizio sulla frequentazione dell'area nel IV sec. a.C., non siamo in grado di comprendere se tale struttura sia stata parte di un terrazzamento agricolo o piuttosto di un insediamento cui questa necropoli afferiva, ed in quest'ultimo caso se si sia trattato di un semplice stanziamento rurale o di un abitato di maggiore consistenza.

La necropoli era formata da centoundici tombe, per la maggiorparte a cassa di tufo, con corredi inquadrabili tra la metà e l'ultimo terzo del IV sec. a.C., composti da vasellame a vernice nera e a figure rosse prodotti da *ateliers* capuani. In sostanza il quadro culturale che se ne ricava sembra più prossimo a quello riscontrabile negli insediamenti e nelle necropoli della pianura campana gravitante su Capua e Nola mentre, sembra discostarsi, abbastanza nettamente, dalle coeve tombe prossime al centro ubano di Napoli (GIAMPAOLA 1985.303).

L'età Romana

Sebbene altrettanto scarsi, i dati che possediamo per l'età romana consentono una ricostruzione del paesaggio e dell'assetto di questo territorio appena più puntuale. La nostra villa si colloca a circa 68 m. s.l.m. ed il suo orientamento (asse maggiore est-ovest a 325° nord) è coerente con l'orientamento delle tracce fossilizzate (fig. 4) del catasto d'età augustea di *Neapolis* (CHOUQUER *et alii* 1987.207 ss.). Questa centuriazione, collocata nel punto in cui s'incrociano i territori di tre città *Neapolis*, *Nola* e *Herculaneum*, sarebbe costituita da un modulo di 16 x 16 *actus* (565 m ca. di lato) e si estenderebbe tra le falde del vulcano a est (Ponticelli), il mare a ovest (Barra), la confluenza delle pianure napoletana e nolana a nord (S. Anastasia) e il territorio di Ercolano a sud.

Se l'individuazione e l'interpretazione di queste tracce

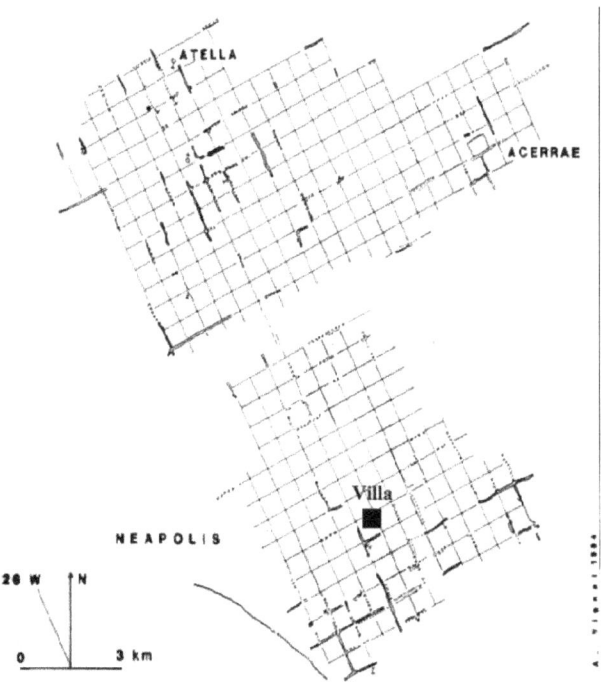

Fig. 4 Napoli-Ponticelli: Centuriazione di Neapolis da CHOUQUER et alii 1987

sono corrette, la conservazione di questa divisione agraria è abbastanza sorprendente proprio nella zona del quartiere Barra, nonostante che per secoli quest'area sia stata esposta alle colate eruttive del vulcano e alle trasformazioni ambientali che hanno interessato la zona industriale di Napoli.

Tale centuriazione, che confina a nord con quelle altrettanto presunte di *Acerra-Atella I* e a oriente con quelle di *Nola I, II* e *III,* dovette pure essere concepita in stretta relazione con il corso del Sebeto e con l'estesa rete d'irreggimentazione delle acque torrentizie discendenti dal Vesuvio, costituita probabilmente da canali e fossi confluenti verso un'area depressa, prospiciente la costa, che nella cartografia del Rizzi-Zannoni (1792) è denominata: "il Pascone".

Allora come oggi, questo scenario era dominato dall'incombente mole del Monte Vesuvio, distante solo 5 km in linea d'aria dalla villa che, prima del 79 d.C. aveva un aspetto molto diverso dall'attuale. Il Vesuvio era, infatti, costituito dal solo Monte Somma il cui fianco sud-occidentale era stato squarciato verso il mare dal collasso calderico seguito alla grande eruzione esplosiva del 1880/1680 a.C., nota come "Eruzione delle Pomici di Avellino" (CIONI *et alii* 1999.61 ss.).

Fig. 5 Napoli-Alveo Volla: Veduta generale dello scavo

Proprio questa vicinanza al vulcano segnò il destino del nostro sito: inaspettatamente, infatti, i dati di scavo hanno dimostrato che la catastrofe del 79 d.C. ebbe delle devastanti ripercussioni anche in quest'area che dista appena 7 km in linea d'aria dal centro di *Neapolis* che, sino a oggi, si riteneva solo marginalmente investito dagli effetti disastrosi di quest'eruzione.

In realtà sia la villa n.1 di Ponticelli, sia quella identificata nell'area del comune di S. Sebastiano al Vesuvio (CERULLI IRELLI 1965.161 ss.)[5], che i resti di un'altra villa (fig. 5), rinvenuti lungo la parte terminale dell'alveo Volla (SCATOZZA HORICHT 1985.142), avvalorano l'ipotesi che durante questo cataclisma lo scenario che aveva caratterizzato questo territorio sino alla prima età imperiale sia stato completamente stravolto, con la distruzione degli insediamenti agricoli e delle infrastrutture che furono completamente cancellate sino alla costa.

Ciò che è certo è che la villa di Ponticelli fu sepolta da uno strato di materiale vulcanico di circa 1,70 m di spessore che cancellò ogni traccia dell'edificio, delle colture e delle sistemazioni agrarie tanto che bisognerà aspettare non meno di 40-50 anni prima che l'intero comprensorio torni a popolarsi d'insediamenti agricoli.

---

[5] L'attuale devastazione urbanistica ha cancellato per sempre sotto un mare di cemento e asfalto gran parte degli insediamenti antichi di quest'area che, stando alle testimonianze degli anziani del luogo, dovevano essere numerosi, giacché ricordano la presenza di più di un sito archeologico proprio nelle vicinanze della villa romana.

Tipologia architettonica della villa

Sergio Cascella

The villa of C. Olius Ampliatus (fig. 6) occupies an area of about 2300 square meters, with one plant approximately quadrangular of 50 x 50 m. (1 actus) where environments arrange themselves around a porch (no. 7) supported by brick columns. The pars rustica is located in the south-west and includes the press (Torcular no. 1-2), the lacus (no. 3), the cellar wine (no. 4-16), The Hague (area, no. 20), the mill, the grain (pistrinum, no. 8), the hortus (no. 27), the oletum (21, 25,28,37), the main entrance (no. 10) and the habitatio vilici (no. 9, 17.32). Unfortunately, we know little of the pars urbana since it was almost completely demolished during the preparations for the construction of the blocks of houses in 1983. This in spite of the thorough cleaning of the remainder has helped to bring to light the partially of the kitchen (culina no .40), the latrina (no. 15), an alcove (no. 30) and part of a triclinium (no. 29) while, the discovery a strigil, suggests the presence of a small balneum private. In the Vesuvian area there can be identified three architectural types of rustic villas, identified by the planimetry and of the relative extent between of the pars rustica and urbana. It comes by farm houses characterized by an axial structure, devoid of the porch, with production environments reduced to the essentials and nothing contained reserved for the dominus. The Type 2 consists of villas that stretch between 1000 and 1500 square meters. This type of villa usually consists of a small porch with a planimetry to "L", supported by pillars, in the center of which there is the cella vinaria and on which it overlooks the production environments and the pars urbana that is poorly developed. The Type 3 includes buildings with an extension around 2000 square meters as Asellius villa in Pompeii (fig. 9). These structures consist of a peristyle of onto which is the area reserved to the dominus, and those reserved to the production side of the house. This type of structure corresponds to our villa that belonged to C. Olius Ampliatus.

Disposizione planimetrica degli ambienti

La villa di *C. Olius Ampliatus* (fig. 6) occupa un'area di circa 2300 mq ed ha una pianta grossomodo quadrangolare di 50 x 50 m. (1 *actus*). Tutta la casa ruota attorno a un cortile porticato centrale, retto da colonne in laterizio, che mostra una pianta quadragolare a "U" (n.7) su cui si dispongono gli ambienti della *pars rustica* e della *pars urbana*.

La *pars rustica*, occupa l'ala sud-ovest mentre, quella *urbana*, è collocata a nord-est. Non si apprezza una separazione fisica tra le due parti che, sebbene occupino aree opposte della casa, sono liberamente accessibili nelle percorrenze.

La zona produttiva comprende il *torcular* vinario (n.1-2), il *lacus* (n.3), la cella vinaria (n.4-16), l'*area* (aia) (n.20), il *pistrinum* (n.8), l'*hortus* (n.27), l'*oletum* (n.21,25,28,37), una serie di celle rustiche, l'ingresso principale (n.10) e l'*habitatio vilici* (n.9,17,32).

Purtroppo, non è stato possibile dissotterrare completamente quest'ultima parte poiché, l'angolo sud-occidentale della costruzione giace sotto all'adiacente Via Della Villa Romana che delimita su questo lato il complesso archeologico.

Sfortunatamente, anche della *pars urbana* conosciamo poco poiché è stata quasi completamente demolita durante le operazioni preliminari alla costruzione dei fabbricati del Lotto O, eseguite nel 1983. Ciò ha comportato la completa distruzione di gran parte dell'ala nord-est, della quale non è ricostruibile nemmeno la planimetria poiché lo sbancamento è andato ben sotto il livello della fondazione dei muri.

Ciò nonostante l'accurata pulizia di quanto rimasto e lo scavo delle parti intatte, hanno permesso di riportare parzialmente in luce la *culina* (n.40), la *latrina* (n.15), un'alcova (n.30) e parte di un *triclinium* (n.29) mentre, il rinvenimento di alcuni frammenti di tegole mammate e di uno strigile, fa supporre anche la presenza di un piccolo *balneum* privato.

Il modello architettonico

Volendo abbozzare una seriazione del tutto preliminare e condizionata dai limiti della ricerca attuale, gli edifici atti allo sfruttamento agricolo del territorio scoperti nell'area vesuviana possono essere raggruppati in tre tipi principali, distinguibili in base alle caratteristiche architettoniche e alle proporzioni planimetriche esistenti tra l'estensione della *pars rustica* e della *pars urbana*.

Tipo 1

Comprende gli impianti estesi su 500-1000 mq, come ad esempio la villa di *N. Popidi Narcissi Maioris*, recentemente esplorata nel comune di Scafati (Sa) presso Pompei, oppure quella del Fondo Brancaccio (fig. 7) in Contrada Civita Giuliana a Pompei.

Queste ville o serebbe meglio dire, queste case coloniche, sono caratterizzate da una struttura assiale, priva del portico,

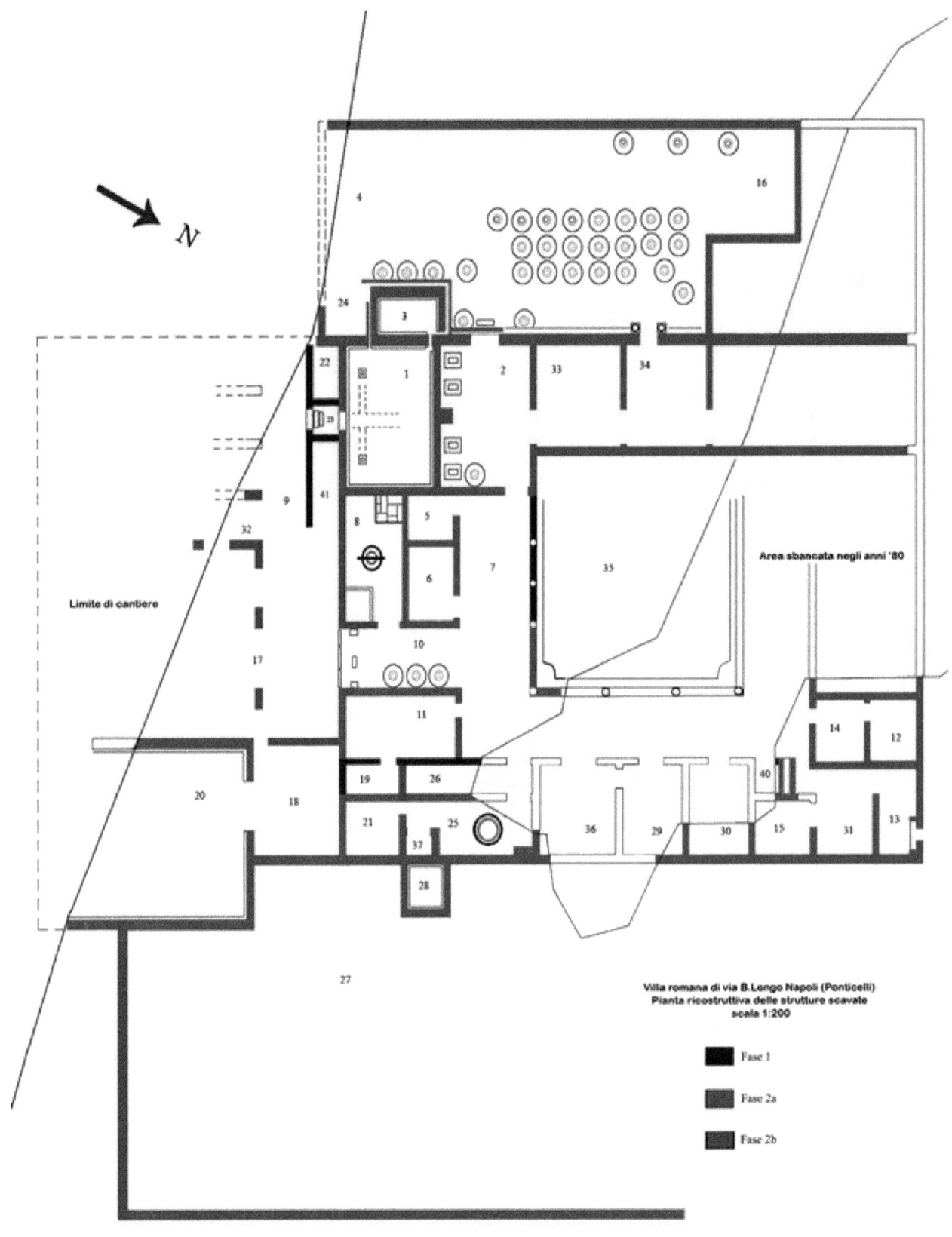

Fig. 6 Napoli-Ponticelli: Planimetria della villa di C. Olius Ampliatus

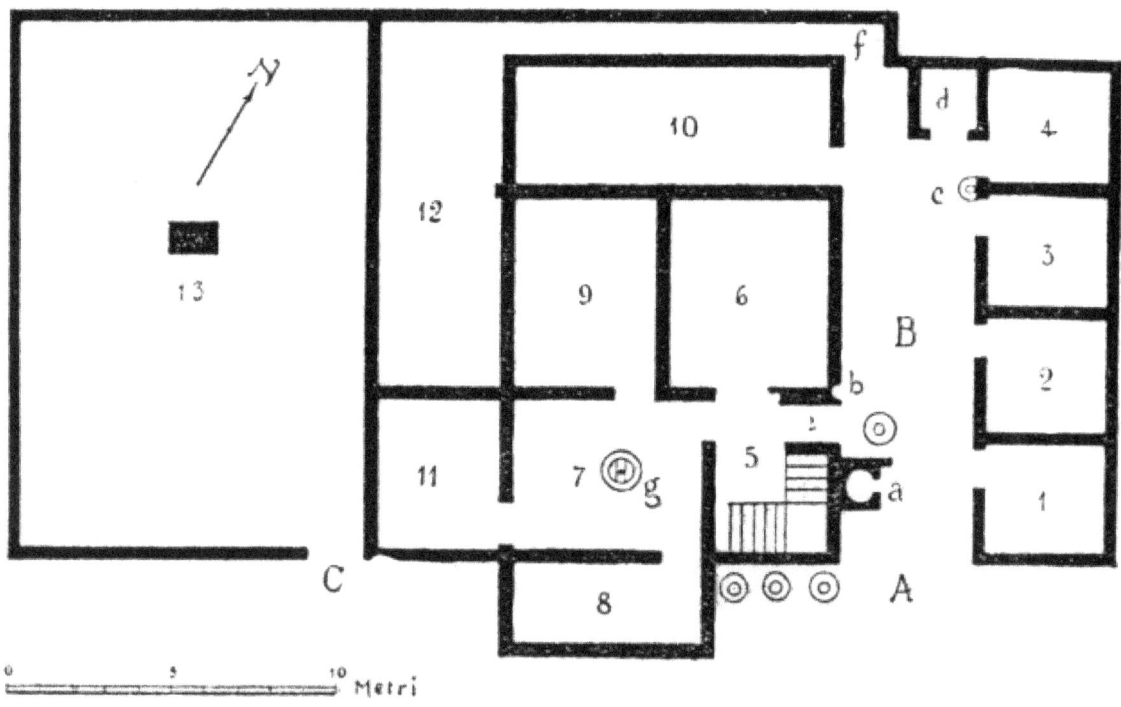

Fig. 7 Pompei: Planimetria della villa del Fondo Brancaccio

con gli ambienti rustici e produttivi concamerati e ridotti all'essenziale e nessun accenno di *pars urbana*.

Si tratta, sostanzialmente, di piccole fattorie che hanno come lontano archetipo le case presenti in Attica tra il IV e il III sec. a.C. e più da vicino le case coloniche elaborate in Italia meridionale (CARANDINI 1989.155 ss.)[1] su quei modelli, come attestano gli esempi apuli (VOLPE 1990. 48; 52 ss.; DE BOC 1975.516 ss.) e campani (D'AMBROSIO 1972.319 ss.; COMPATANGELO 1998.595 ss.).

La struttura architettonica generale e la funzionalità degli ambienti, induce a credere che queste piccole aziende siano state gestite dal colono e dalla sua famiglia, ma non per questo, tali edifici devono necessariamente essere considerati come l'unità base della proprietà fondiaria romana d'età tardo repubblicana in questa parte della Campania. È, infatti, possibile che questo tipo di abitazione possa aver fatto parte di un più vasto complesso di edifici, anche fisicamente separati e adibiti a diverse lavorazioni dei prodotti agricoli ma pertinenti a un unico *fundus*.

Allo stesso modo, è anche possibile che la *pars urbana* di queste proprietà possa essere stata costituita da un edificio completamente separato e non individuato negli scavi ottocenteschi.

Tipo 2

Questi edifici, estesi tra i 1000 e i 1500 mq, sono solitamente composti di un piccolo portico con una pianta a "L", retto da colonne o più spesso da pilastri, il cui giardino è solitamente occupato dalla cella vinaria. Su questo spazio interno si affacciano sia gli ambienti produttivi, che quelli legati alla parte padronale che ha uno sviluppo che va da un minimo indispensabile di uno o due ambienti, come nel caso di Villa Regina a Boscoreale (DE CARO 1994), a un vero appartamento generalmente costituito da tre o più stanze modestamente decorate.

A quest'ultimo tipo appartengono molte ville tra cui quella del Petraro a Stabia (DE CARO 1987), quella di *N. Popidius Florus* (DELLA CORTE 1921.442 ss.) e la villa di *L. Caecilius Iucundus* (fig. 8), meglio nota come Villa della Pisanella o di Settetermini (PASQUI 1897.397 ss.).

Tipo 3.

L'ultimo tipo comprende complessi edilizi con un'estensione intorno ai 2000 mq e oltre, come la villa rustica di *Asellius* a Pompei (DELLA CORTE 1921.426 ss.) (fig. 9) o la villa n.6 di Cava Ranieri a Terzigno (CICIRELLI 2003.214 ss.). Queste strutture sono costituite da un peristilio con una pianta a "U" su cui si aprono sia gli ambienti padronali, a volte riccamente decorati e dotati di tutti i *comforts* di una *domus* urbana, che quelli riguardanti gli impianti di produzione come i *torcularia* e l'*habitatio vilici*.

Questo tipo di struttura, che è ben attestato anche nell'ambito delle *villae rusticae* scoperte nel retroterra rurale di *Neapolis*, costituisce una via di mezzo tra la

---

[1] Si tratta di edifici che hanno un riscontro in ambito magno greco nelle cosiddette fattorie *a pastàs*, cfr. VOLPE 1990.111, nota 37.

The villa rustica of C. Olius Ampliatus

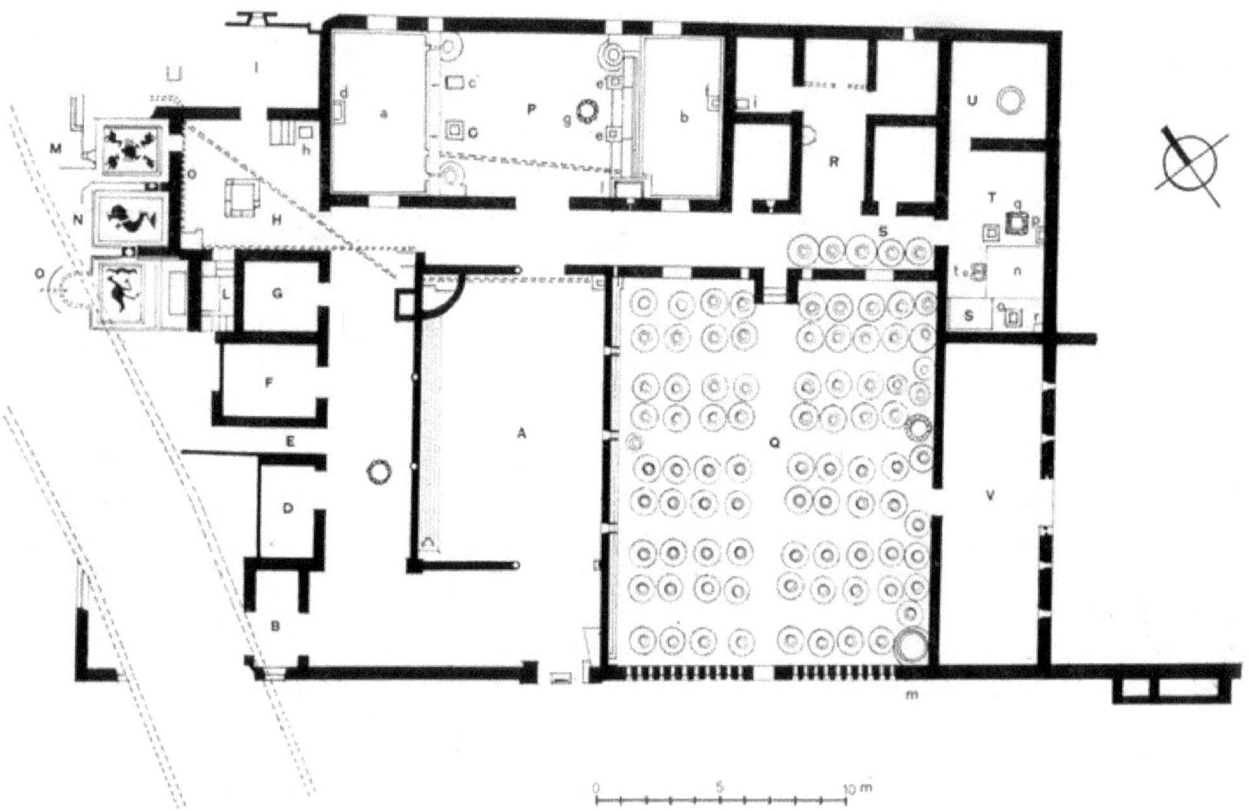

Fig. 8 Pompei: Planimetria della villa della Pisanella

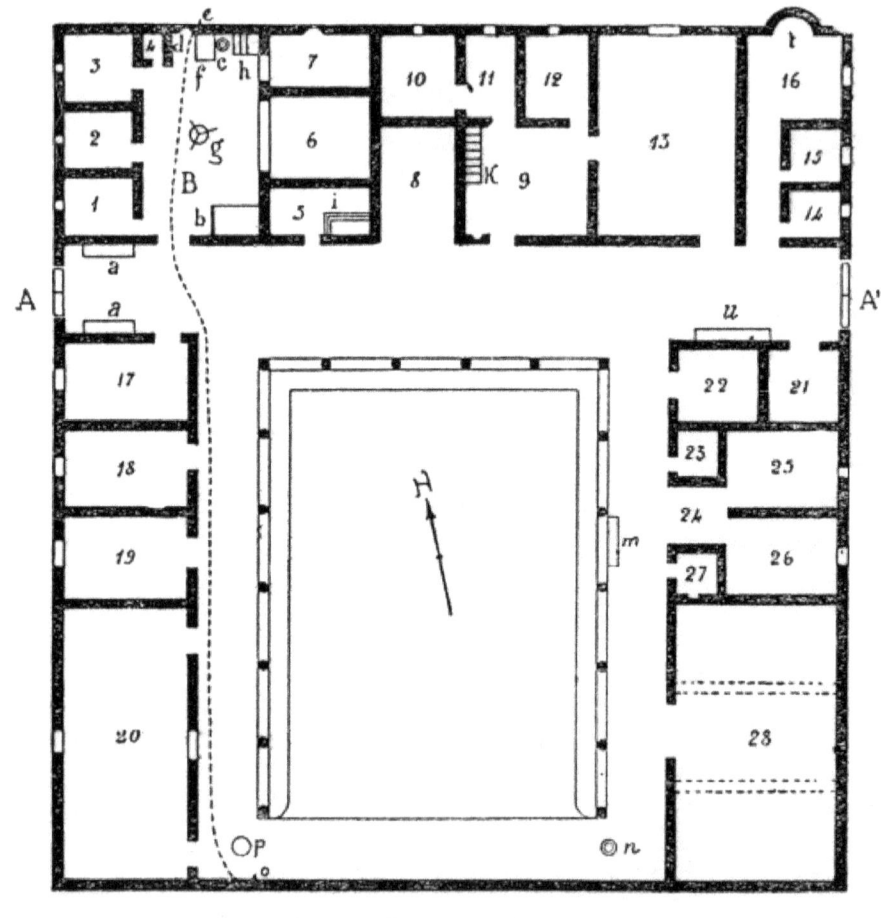

Fig. 9 Pompei: Planimetria della villa rustica di Asellius

classica villa di tipo catoniano e le ville suburbane note dagli esempi pompeiani di Villa dei Misteri, di Fannio Sinistore e di Agrippa Postumo in cui addirittura la parte padronale è preponderante su quella rustica.

A questo modello di villa, che potremmo definire a "U" e che sembra corrispondere bene all'archetipo descritto da Vitruvio[2], appartiene anche la nostra villa che, in base al ritrovamento del *signaculum*, appartenne da ultimo a *C. Olius Ampliatus*.

Come detto, il tipo è diffuso non solo in ambito vesuviano, ma anche nell'*hinterland* di *Neapolis*, dove compare senza grandi variazioni planimetriche nella villa di Cupa Marfella sita nel quartiere periferico di Marianella, identificata e parzialmente scavata negli anni '80 (POZZI 1988.704 ss.) anche se, in questo caso, si tratta di un impianto databile nelle sue fasi iniziali a epoca augustea, fatto che attesta la fortuna di questo modello.

---

[2] Vitr., *De Arch*, VI,6,1-7

Cronologia e fasi di costruzione

Sergio Cascella, Giuseppe Vecchio

The planimetric disposition of the rooms above disclosed represents the structure of the house as it appeared in his last days of life, but it is obvious that such an arrangement is the result of a complex series f transformations and reconstructions that have occurred since the moment of its construction to 79 AD. The first nucleus of the villa dates back to the II-I century. AC (Phase 1) and is built with walls of random length (Fig. 10) made with reddish pebbles of lava stone, while the ends of the walls were reinforced with square blocks of Neapolitan yellow tuff. Unfortunately we can not know the planimetry and functionality of the rooms of the villa of this phase, since these structures were later largely demolished and incorporated into the rear ones. In the Augustan period (Phase 2a), the villa was completely rebuilt assuming the planimetry we see today. The walls were constructed in opus reticulatum (fig. 11) using cubilia made of Neapolitan yellow tuff associated with a cementitious mortar rather poor. The Phase 2b constitutes a moment of reconstruction to be considered a sub-step of the previous having been accomplished in a period of time slightly subsequent to the first. In fact, the structures related to it, are completely identical to the above and do not upset the planimetry of the building, but constitute the small improvements of the general planimetric in the central-south and north of the villa. The only variation in the composition of the vestments of masonry structures is consists of the corner pieces of the walls by the door posts and pillars that are built in opus vittatum mixtum formats ie a block of stone and two bricks (fig. 12).

Condizioni di conservazione delle strutture murarie

A differenza di quanto ci si potesse aspettare per un edificio sepolto durante l'eruzione del 79 d.C., le strutture murarie della villa di C. Olius Ampliatus sono state trovate in uno stato di conservazione alquanto precario ciò per due ragioni.

La prima è ricondicibile alle operazioni di spianamento del terreno eseguite antecedentemente la costruzione dei fabbricati del Lotto O. In quell'occasione, infatti, una parte della *pars urbana* fu completamente demolita.

La seconda ragione, invece, è legata alla violenza stessa dell'eruzione. Come si vedrà a proposito della dinamica del seppellimento, la villa nelle prime ore dall'inizio dell'eruzione non fu colpita dalla ricaduta di materiale piroclastico (pomici e lapilli). Pertanto, la mancanza di uno strato di parziale interro, ha inevitabilmente esposto le murature, gia seriamente squassate dall'esplosione vulcanica, a tutta la violenza del *fall-out* seguito al collasso della colonna eruttiva e poi all'impatto meccanico e termico della colata piroclasitca che ha divelto alcuni muri e ne ha fatto letteralmente esplodere altri.

Il risultato è che le strutture sono mediamente conservate per 1,40 m di altezza, con punte di 2 m nei pressi del torchio inoltre, sono evidentissimi i segni lasciati sulla malta, sul tufo dei *cubilia* del paramento in reticolato e sui prodotti laterizi sia delle alte temperature sopportate durante il seppellimento, che dello *stress* meccanico dovuto all'impatto e trascinamento di alcuni elementi struttivi crollati che, in alcuni casi, sono stati trasportati sul terreno anche per 50 metri.

Fase 1: Il primo nucleo della villa II-I sec. a.C.

È evidente che le strutture murarie che oggi vediamo, disegnano la planimetria della villa quale essa appariva nel suo ultimo giorno di vita, ma è altrettanto ovvio che tale sistemazione sia il risultato di una serie di trasformazioni che si sono succedute dal momento della sua costruzione al 79 d.C.

Al fine di recuperare dati sull'uso dell'area nel periodo anteriore la costruzione della villa, si è scelto di eseguire un saggio nell'area dell'*hortus* (ambiente n. 27) poiché, il terreno vegetale che costituiva il piano di calpestio di questa zona non implicava alcun danno ai piani pavimentali che, invece, sono conservati negli altri ambienti. L'esito di questo sondaggio ha confermato che l'area doveva essere rimasta incolta o almeno fu adoperata per un uso agricolo limitato giacché, le tracce d'uso del suolo e i frammenti ceramici recuperati, perlopiù acromi, sono rarissimi.

Pertanto, per tentare di ricostruire la storia costruttiva del sito, ci si è dovuto basare esclusivamente sull'analisi delle tecniche costruttive adoperate e sulla stratigrafia orizzontale dei muri. Per questo, pur essendo consapevoli dei limiti che un'indagine di questo genere comporti, è possibile dire che il primo nucleo della nostra villa fu costruito verso la fine del II sec. a.C. o, più verosimilmente, intorno alla prima metà del I sec. a.C. A questo periodo appartengono una serie di murature realizzate con una malta molto scadente e terrosa il cui nucleo interno fu rivestito con un paramento in *opus incertum*. I *coementa* erano costituiti da ciottoli di cruma rossa e bruna (fig. 10), una roccia molto leggera composta essenzialmente dalla parte superficiale e schiumosa delle colate laviche del Vesuvio di epoca preistorica. Le testate angolari dei muri erano, invece, riforzate da blocchi parallelepipedi di tufo giallo conservati *in situ* all'estremità est del muro che separa la corte 17 dall'ambiente 8 e nell'angolo sud occidentale dell'ambiente 19 (fig. 6).

Fig.10 Napoli-Ponticelli: Particolare della struttura in opus incertum

Fig.11 Napoli-Ponticelli: Particolare della struttura in opus reticulatum

Come detto, queste strutture potrebbero datarsi alla prima metà del I sec. a.C.[1] come, tra l'altro, sembrerebbero indicare anche gli scarsi e minuti frammenti di ceramica a vernice nera rinvenuti in quelle porzioni dei cavi di fondazione che è stato possibile analizzare.

Purtroppo non siamo in grado di avere un quadro complessivo della planimetria e della funzionalità degli ambienti della villa di questa fase poiché, queste strutture in seguito sono state in gran parte demolite, mentre quelle che si decise di riutilizzare sono state frazionate e inglobate in quelle posteriori come testimonia un ampio tratto di parete visibile alle spalle del torchio (amb. 9), conservato in elevato per quasi 2 m e alcuni altri lacerti incorporati nell'area del portico (amb.7) e negli ambienti 11, 19, e 26.

Fase 2a: Ricostruzione della prima età augustea

La seconda fase è probabilmente databile in epoca augustea, quando l'intero edificio venne in gran parte demolito e ricostruito nelle forme che ora vediamo, senza mutarne, però, l'orientamento e giacitura rispetto alla fase precedente.

Le strutture sono realizzate in *opus caementicium* eseguito con una malta dal colore grigio chiaro di scarsa qualità poiché, in alcuni punti, essa è molto terrosa e piena di grumi di calce non sciolta. Questo nucleo interno fu rivestito con un paramento in *opus reticulatum*, anch'esso eseguito piuttosto male, realizzato con *cubilia* in tufo giallo flegreo di grosse dimensioni (10-11 cm di lato), solo a volte tronco-piramidali, accostati con giunti non regolari, ma puntualmente stilati (fig. 11).

Le strutture, dello spessore costante di 35 cm, nel lato rivolto all'interno degli ambienti, non presentano ammorsature del paramento negli angoli mentre, negli spigoli o negli angoli delle facciate esterne, mostrano testate angolari e mazzette degli ingressi costituite da tufelli rettangolari con ammorsature al paramento in reticolato formati da tre tufelli (23 x 8 cm)[2].

La datazione di queste murature, come detto è purtroppo basata esclusivamente sulla tipologia del paramento e sulla sua tessitura. Infatti, la presenza delle pavimentazioni ha impedito qualsiasi indagine in profondità, pena la distruzione dei piani di calpestio antichi. In ogni caso appare evidente che per la realizzazione di queste strutture ci si è servito probabilmente della stessa manodopera schiavile utilizzata all'interno della villa nelle lavorazioni dei prodotti agricoli coltivati nel *fundus*. Ciò è reso evidente dalla grossolanità sia degli elementi costitutivi del muro, che dalla loro messa in opera. Infatti, in epoca augustea nelle principali città dell'area del golfo di Napoli, l'opera reticolata aveva già raggiunto da qualche tempo una notevole raffinatezza di esecuzione sia in ambito urbano, che rurale.

Fase 2b: Ripensamenti planimetrici

La fase 2b, più che costituire un momento di ricostruzione edilizia a se stante è forse da considerasi una sottofase della precedente poiché le strutture murarie ad essa appartenenti sono state eseguite in un lasso di tempo di poco successivo.

Infatti, gli elementi costitutivi e la messa in opera di queste murature, sono del tutto identici alle precedenti e non stravolgono la planimetria del complesso, ma costituiscono dei piccoli ripensamenti planimetrici nel settore centro-meridionale e settentrionale della villa e solo in quello meridionale presentano qualche carattere distinguibile dalle altre murature.

---

[1] Murature in opera incerta di calcare o tufo utilizzate nella villa di S. Rocco a Francolise sono state datate tra il 120 e l'80 a.C., cfr. Cotton 1985.12.

[2] Strutture murarie del tutto simili sia per gli elementi costitutivi impiegati, che per la loro messa in opera, furono rinvenute tra i resti di una villa rustica scoperta nei primi anni '80 presso Cava Montone, a circa 3 km a monte di Ercolano, cfr. PAPPALARDO *et alii* 1986.95 ss.

Fig.12 Napoli-Ponticelli: Particolare della struttura in opus vittatum mixtum

Infatti, nel cortile 17 e nella serie degli ambienti annessi, di cui si è potuto solo scavare parte del vano 18, si riscontra l'unica variante nella composizione dei paramenti delle strutture murarie, costituita dalle mazzette delle porte e dai pilastri che, anziché essere eseguite in blocchetti di tufo, sono realizzate in *opus vittatum mixtum* formati da un blocchetto di tufo e due mattoni alternati (fig. 12).

La struttura della villa:
La pars rustica

Sergio Cascella

Contrary to what one might expect for a building buried during the eruption of 79 AD, the walls of the villa of <u>C. Olius Ampliatus</u> have been found in a state of conservation quite precarious for two reasons. The first reason is due to soil removal operations carried out prior to construction of the houses. The second reason, instead, is linked to the violence of the eruption. For this reason, the walls are preserved for an average of 1.40 meters in height, with maximum of 2 meters near the wine-press. Frontally at the main entrance of the villa is placed a large courtyard (Cortes - fig. 13) composed of two parts: the first was open toward the main entrance of the villa and was divided into three inputs by means of pillars. The group of rooms situated to the west of the courtyard 17 you could identify with the house (<u>habitatio vilici</u>) of factor (<u>vilicus</u>) of the farm. On the west side of the entrance there are three environments. The rooms 5 and 6 are interpretable as <u>cubicula</u> while the number 8 contained the <u>pistrinum</u>. In room 5 was found a deposit of tiles, still packaged (fig. 20), ready to be used, and five wine amphorae (fig. 21-22). In the room 6, instead, it is found a part of furnishings comprising an amphora and a bronze vessel (fig. 23). The <u>Pistrinum</u> no. 8, instead, had at center the circular base of a millstone (fig. 19.b) (Height 90 cm. Approx., Diameter 1 m. Approx.) while In the north-west of the environment there was a base (fig. 19.c) of about 1.30 meters long, made of rectangular blocks of yellow tuff that perhaps constituted the platform for a small oven used for making bread. The barn (<u>Nubiliarum</u> - fig. 24) consists of a rectangular room (4 x 5 m), outside the villa but accessible by an entrance located on aisle 9 that allowed employees to download in the courtyard of the 17 agricultural commodities from carts coming in from the surrounding countryside. Still on the east side of the entrance lies a 10 room (room 11) rectangular (5.10 x 3 m) connected to another small room (room 19) (2.50 x 1.50 m) which was a small apartment, perhaps used in recent times by <u>vilicus</u>. The residential function has been revealed by a fine <u>opus signinum</u> floor and wall paintings in a third style of which only part of the skirting along the south wall (fig. 30). Next to the previous environment are placed a series of rooms (fig. 24) that is identifiable with oletum, that is with the rooms used for the production of olive oil. The environments used for a pressing of the olives are constituted by rooms 28.37 and 25 that probably housed the <u>trapetum</u> since the middle of the room there the circular base of the mill (fig. 29). The wine-press is the larger environment of the entire villa. Were placed two presses of the type described by Cato. The environment (fig. 13; 33) is, as usual, divided into two zones baling: the environment 1, told <u>forus</u> or <u>calcatorium</u> and the environment 2, called maneuver room, to which are added the basin the <u>Lacus</u> (amb. 3) and the room inspection (room. 38) in the underground. The planimetric disposition of the present case is quite identical to the one found in the Villa of the Mysteries, where, similarly, there is only one <u>calcatorium</u> that houses two machines. The <u>cella vinaria</u> of the villa of Ponticelli (fig. 6) consists of a large rectangular room (25 x 10 m, 275 sq m approx.). As with all the villas in the Vesuvian area, the wine cellar is devoid of the roof and the floor is made of beaten earth. This floor was buried 32 clay jars that show in the surface only the mouth and for this are called <u>dolia defossa</u> (fig. 46). The majority of containers are arranged in three rows. It is also evident that all have received massive repairs carried out with lead cast between the cracks that ran along the entire circumference and also to bind some parts of the edges (fig. 47).

Cortes (Cortile -ambiente 17)

Frontalmente all'ingresso principale della villa è posto un vasto cortile (fig. 13) che si è potuto scavare solo in parte (largh. 9.50 m; lungh. visibile 7 m), poiché il lato sud giace sepolto sotto l'adiacente Via Della Villa Romana che costeggia a sud-ovest il cantiere.

Planimetricamente il cortile si compone di due parti: la prima è aperta verso sud, probabilmente su uno dei viottoli che dalla campagna giungeva alla villa, ed è limitata a ovest dall'ambiente 32 e a est dall'ambiente 20. Questa parte, che era scoperta, mostra una pavimentazione in terra battuta atta alla circolazione dei *plaustra*, in altre parole dei carretti agricoli che, colmi di fieno o dei prodotti della vigna, giungevano all'azienda agricola per scaricare le derrate. La parete nord, invece, era aperta verso l'ingresso principale della villa ed era suddivisa in tre ingressi tramite pilastri.

L'ingresso centrale, più largo (3 m), è costituito da due piedritti in vittato misto (1 m x 50 cm), posti in asse con gli stipiti dell'ingresso principale della villa (amb.10), mentre i passaggi laterali, fiancheggiati a ovest dalla mazzetta che delimita l'ambiente 32 e a est dalla parete ovest dell'ambiente 20, sono più stretti (2 m). Ogni pilastro ha come basamento un blocco di tufo, leggermente più largo del pilastro stesso, ed era probabilmente raccordato agli altri da piattabande lignee che reggevano la parte più alta della parete le cui macerie sono state trovate nello strato di crollo insieme ai frammenti dei pilastri schiantati al suolo (fig. 14).

Habitatio vilici (Casa del fattore - ambiente 32)

Del gruppo di ambienti posti a ovest del cortile 17 si è potuto scavare solo parte del vano 32 (fig. 13). In ogni caso, la sezione meridionale dell'area archeologica, ancora esposta, mostra che questo blocco di ambienti era costituito da almeno 3 stanze aperte sul corridoio 9 e probabilmente da una sequenza di altri locali, posti alle spalle di queste, ancora del tutto sepolti. In generale l'intera serie di ambienti potrebbe essere interpretata come l'*habitatio vilici*, cioè con l'abitazione del conduttore dell'azienda

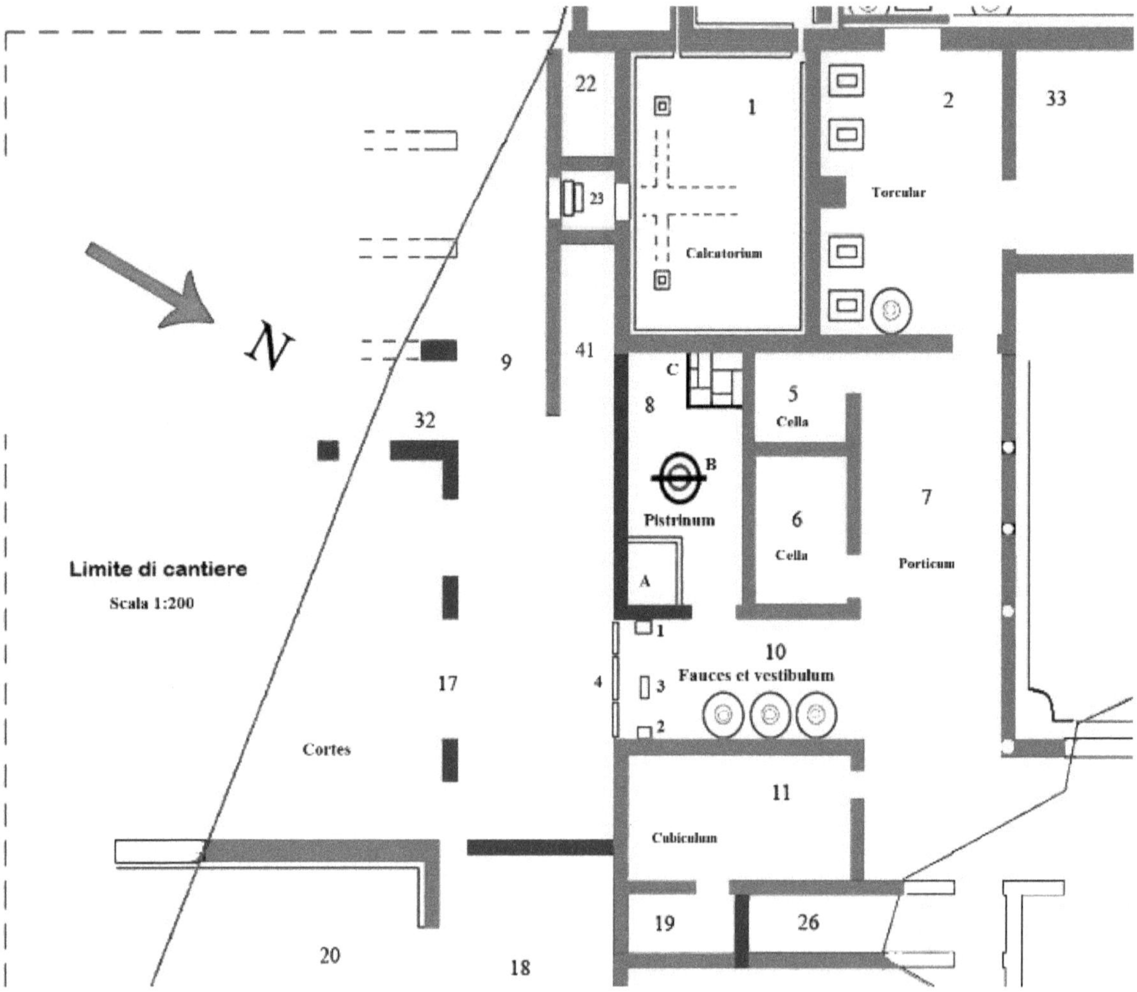

The villa rustica of C. Olius Ampliatus

Fig.13 Napoli-Ponticelli: Planimetria della villa di C. Olius Ampliatus - particolare

Fig.14 Napoli-Ponticelli: Particolare del crollo di uno dei pilastri della Cortes 17

agricola (*vilicus*) e della sua famiglia (*familia rustica*). Infatti, la stessa dislocazione dei locali, separati nettamente dal nucleo interno della villa, ma nello stesso tempo comunicanti con il corridoio di servizio n.9, al *torcular* e con l'ingresso principale, potrebbero rendere verosimile quest'attribuzione.

La struttura dell'ambiente 32, realizzata come le altre di questa parte della villa in opera reticolata con ammorsature e testate in vittato misto, descrive un ambiente molto essenziale, a pianta probabilmente quadrangolare, privo di intonaco alle pareti e pavimentato con terra battuta. Il fatto, però, che questo locale mostri un'apertura sul cortile 17 e un'altra sul corridoio 9, su cui si apre anche l'ambiente successivo, lascerebbe ipotizzare che esso abbia svolto la funzione di *cella ostiaria*, ovvero di stanza del portinaio (*ostiarius*), il quale aveva il compito di controllare i movimenti di chi entrava ed usciva dalla villa.

Fauces et vestibulum (Ingresso – ambiente 10)

L'entrata principale della villa è posta sul lato sud, in asse con il braccio nord-sud del portico (fig. 6). L'ingresso (*ianua*), lungo 6 m e largo 3 m, leggermente arretrato rispetto alla fronte della costruzione, è provvisto di due piccole ante laterali in blocchetti di tufo accostate alle quali sono due fermastipiti in calcare (fig. 13.1-2) con foro quadrangolare per l'imposta del portone e un foro circolare per il cardine.

Al centro dell'ingresso è un fermaporta costituito da un blocco di lava con risalto esterno e foro rettangolare per l'alloggiamento del saliscendi metallico (fig. 13.3). Del portone ligneo non è stata trovata traccia, né della sua impronta nella cenere, né di elementi carbonizzati. È possibile, dunque, che esso non fosse presente al momento della catastrofe o che sia stato completamente divelto e trasportato dal flusso piroclastico come dimostrerebbe uno dei cardini, costituito da elemento cilindrico in ferro, rinvenuto nella sua posizione originaria su uno dei fermastipiti e la placchetta di ferro che copriva il foro della serratura del portone (fig. 15) che giaceva sul pavimento.

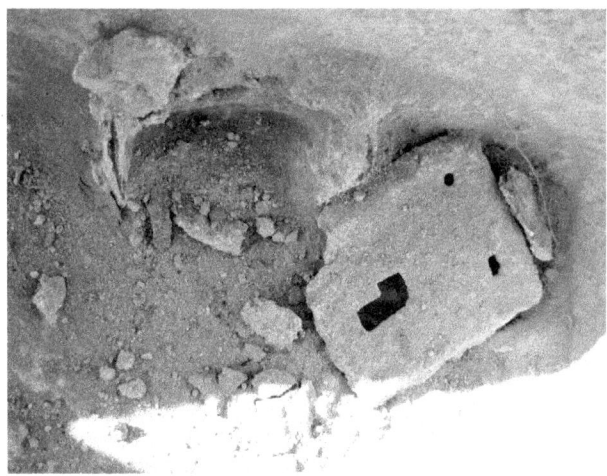

Fig.15 Napoli-Ponticelli: Particolare della serratura in bronzo del portone della villa

Poco oltre, verso l'entrata, c'è un breve vestibolo la cui pavimentazione è contenuta, in asse con il fronte della costruzione, da tre cordoli (*limen*) in calcare (fig. 13.4) che costituiscono un piccolo gradino che permette l'accesso al cortile n.17.

Quest'avancorpo, era protetto dalle intemperie per mezzo di una tettoia di tegole e coppi trovata in crollo davanti all'entrata (fig. 16) . Gli stipiti (*postes*) del vestibolo, trovati anch'essi nel suddetto crollo, erano costituiti da blocchi di tufo giallo parallelepipedi, sovrapposti verticalmente (fig. 17) e terminanti con capitelli d'anta tuscanici formati da due fasce sovrapposte e aggettanti chiuse in alto da una *kyma recta* (fig. 18).

Le pareti di quest'ambiente sono rivestite con un semplice intonaco bianco (*tectorum*) mentre la pavimentazione, molto consunta, è formata da un battuto di calce, pietrisco e frammenti di laterizio. In un secondo momento, parte di quest'ingresso fu usata come cella olearia, ma approfondiremo quest'aspetto nella descrizione dell'*oletum*.

Pistrinum (Mulino - ambiente 8)

Sull'ingresso 10 si apre un ambiente a pianta rettangolare (6 x 2,90 m) con accesso (largh. 1,10 m) sulla parete nord-est. Questo locale era adibito alla panificazione come si può arguire dagli apprestamenti che vi sono stati rinvenuti (fig. 13; 19). In primo luogo la stanza, che presenta un piano di calpestio in terra battuta e il consueto intonaco rustico alle pareti, mostra alla sinistra dell'ingresso un piano in cocciopesto, una sorta di basso impluvio di circa 1,50 m di larghezza, molto inclinato verso il centro della stanza (fig. 19.a), adatto probabilmente a contenere la farina che vi era prodotta, oppure a essere utilizzato come piano di lavoro.

Al centro dell'ambiente, leggermente spostato verso la parete sud, si è trovata la base circolare di una macina (fig. 19.b). Questa (alt. 90 cm. ca.; diam. 1 m. ca.) è costruita utilizzando un cilindro in pietra tufacea che doveva assorbire il carico verticale della pesante mola che vi era sistemata sopra, mentre tutt'intorno era foderato da un paramento eseguito, piuttosto rozzamente, con blocchetti di tufo e tegole fratte. Al momento dello scavo solo parte della macina era ancora al suo posto giacché essa, investita dal crollo della parete est, si frantumò mescolandosi allo strato di crollo. In ogni caso la mola doveva essere costituita dall'usuale *meta*, che era fissata sulla suddetta base, su cui ruotava il *catillus*, di cui abbiamo trovato i frammenti.

Nell'angolo nord-ovest dell'ambiente fu addossato un basamento (fig. 19.c), di circa 1,30 m di lato, realizzato con blocchi parallelepipedi di tufo giallo[1], legati con malta, che forse è da interpretare come piattaforma per un piccolo forno utilizzato per la panificazione, la cui parte superiore è stata completamente distrutta durante il crollo della struttura.

Sul lato sinistro di questo supporto, il piano di calpestio appariva al momento dello scavo maggiormente livellato e coeso da un bagno di latte di calce mescolato al terreno. Il riempimento che si addossava a questa parte dell'ambiente, oltre ai consueti materiali derivati dal disfacimento del muro ovest del locale, conteneva molti frammenti lignei carbonizzati, chiodi di ferro e i pezzi di un'anfora del tipo Dressel 2/4. È molto probabile che questi elementi siano riconducibili a una scaffalatura lignea idonea alla conservazione di oggetti utili all'addetto alla panificazione (*pistor*).

Infine, l'esame delle pareti est e sud dell'ambiente rende subito evidente che esse devono appartenere alla fase 2b poiché sono chiaramente appoggiate a quelle della fase 2a. È quindi chiaro che il *pistrinum* n.8 è stato ricavato proprio in questa sottofase e che in origine il cortile n.17 era molto

---

[1] Con ogni probabilità si tratta di blocchi tufo recuperati durante lo smantellamento delle strutture della prima fase, ove essi erano adoperati per le testate angolari dei muri in *opus incertum*.

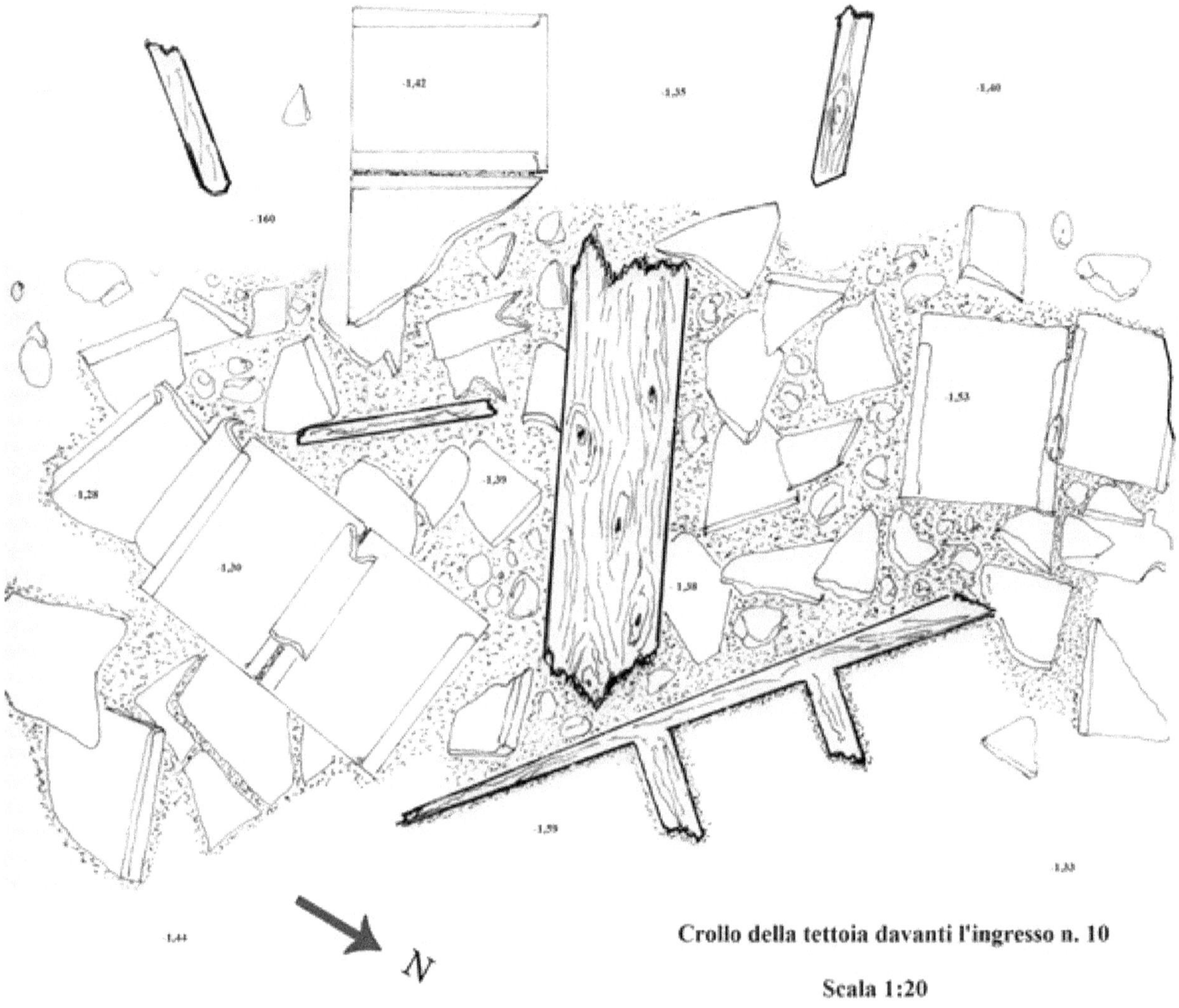

Fig.16 Napoli-Ponticelli: Planimetria del crollo della tettoia dinanzi all'ingresso n. 10

Fig.17 Napoli-Ponticelli: Particolare del crollo di uno degli stipiti dell'ingresso n. 10

Fig.18 Napoli-Ponticelli: Particolare del capitello d'anta dell'ingresso n. 10

Fig.19 Napoli-Ponticelli: Ambiente 8 - Veduta generale

Fig.20 Napoli-Ponticelli: Ambiente n. 5 - Particolare della catasta di tegole

più vasto. Di conseguenza l'ingresso principale della villa doveva essere arretrato quasi alla metà dell'attuale ambiente n.10.

Cella (ambiente 5)

Alle spalle del *pistrinum* si collocano due piccole stanze aperte sul portico n.7 che nei giorni precedenti l'eruzione furono utilizzate come depositi.

L'ambiente n.5 (fig. 13), più piccolo (2 x 2 m), a pianta quadrangolare con pareti rivestite d'intonaco rustico e pavimento in battuto simile a quello dell'ingresso, fu adoperato per depositarvi due cataste di circa 20 tegole (fig. 20) l'una e cinque anfore Dressel 2/4, di cui tre erano sistemate sottosopra, poiché probabilmente erano state lavate, mentre due furono semplicemente appoggiate alla parete (fig. 21) e una di esse, conservava ancora il tappo di pozzolana (fig. 22).

Cella (ambiente 6)

L'ambiente n.6 (fig. 13), a pianta rettangolare (2 x 3,20 m), mostra le pareti prive d'intonaco e il pavimento in terra battuta. Lungo la parete sud, e al centro dell'ambiente, sono stati trovati molti recipienti fittili tra cui un'anfora Dressel 2/4 e un vaso di bronzo (fig. 23).

Nubiliarum (Fienile - ambiente18)

Il fienile (fig. 24) consiste in un ambiente a pianta rettangolare (4 x 5 m), esterno alla villa ma accessibile da un ingresso posto sul corridoio 9 che permetteva agli addetti di scaricare nel cortile 17 le derrate agricole dai carretti che giungevano dalla campagna circostante. Un altro ingresso, posto centralmente (largh. 2 m ca.) lungo la parete meridionale dell'ambiente, permetteva, invece, il passaggio alla contigua aia (ambiente 20).

Fig.21 Napoli-Ponticelli: Ambiente n. 5 - Anfore vinarie

Fig.22 Napoli-Ponticelli: Ambiente n. 5 - Particolare del tappo di un'anfora

Fig.23 Napoli-Ponticelli: Ambiente n. 6 - Anfora vinaria e vaso di bronzo

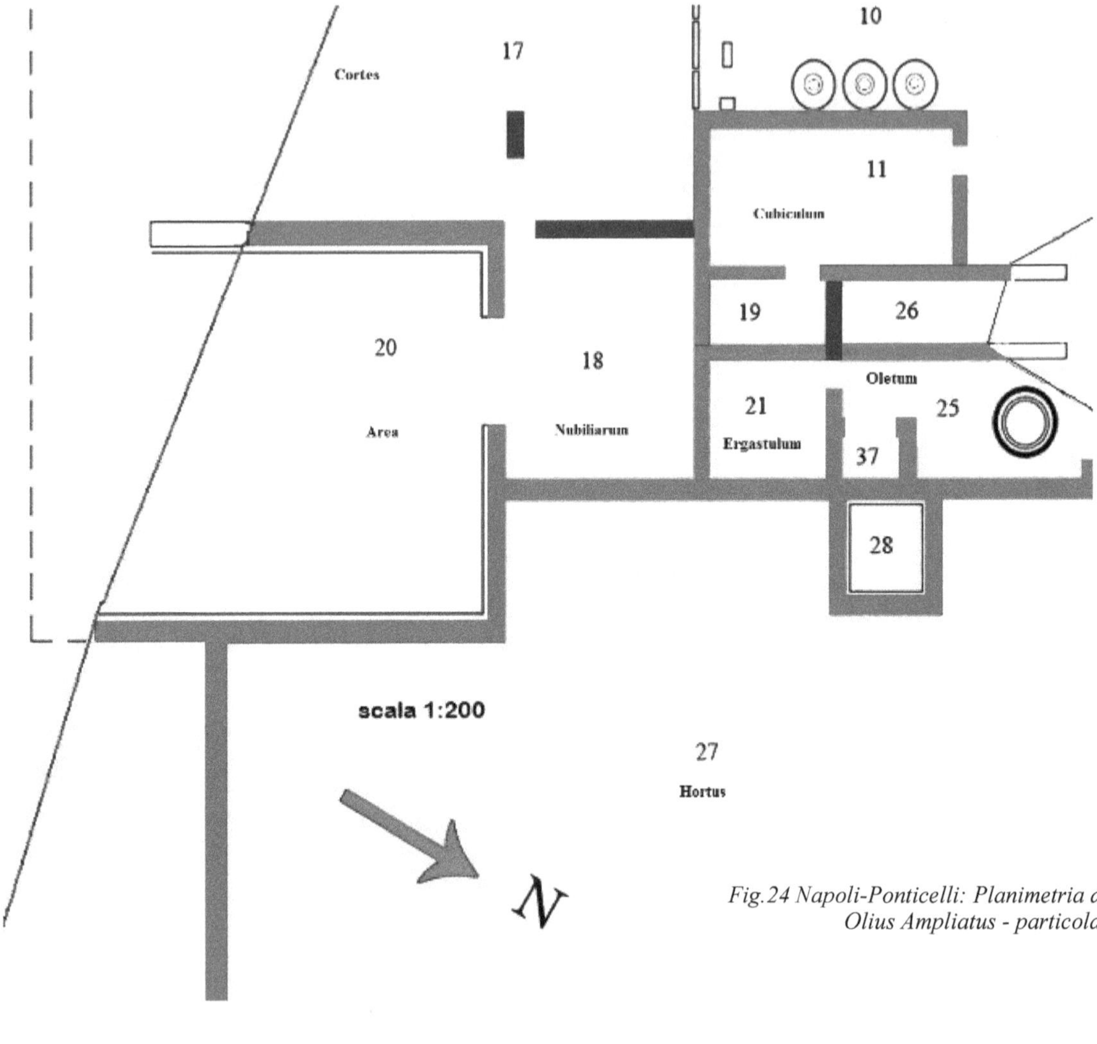

Fig.24 Napoli-Ponticelli: Planimetria della villa di C. Olius Ampliatus - particolare

Della soglia del primo ingresso non si è trovata traccia, mentre il secondo non era sbarrato da alcuna porta, poiché tra le pavimentazioni dei due ambienti non c'è soluzione di continuità, dimostrando la complementarità d'uso dei due locali.

All'interno, il pavimento in cocciopesto, soprelevato rispetto al piano del cortile 17 di circa 40-50 cm, è fortemente inclinato verso il passaggio all'aia per impedire all'acqua piovana di ristagnare all'interno. Le pareti mostravano al momento dello scavo scarsi resti del rivestimento in cocciopesto, lasciando intravedere la composizione delle strutture murarie che manifesta la seriorità di alcune strutture rispetto ad altre, come nel caso della parete ovest, quella con l'ingresso sul cortile 17, che evidentemente nella fase 2a non doveva esistere. Inoltre, il vano di passaggio tra gli ambienti 18 e 20 è stato chiaramente ricavato nel momento in ci si è creato l'ambiente 18, infatti la parete è stata sbrecciata e la parte di muro corrispondente all'ingresso è stata rasata come appare evidente dal fatto che proprio in corrispondenza del vano d'ingresso la pavimentazione in cocciopesto è ad una quota leggermente più alta rispetto a quelle dei due ambienti proprio perche questa poggia sulla solida base del muro sottostante.

Fig.25 Napoli-Ponticelli: Ambiente n. 18 - Nocciolo di Pesca

A dimostrazione dell'uso di quest'ambiente come deposito (*nubiliarum*) di derrate agricole[2], è il rinvenimento a contatto con il pavimento, di un nocciolo di pesca[3] (fig. 25) e di molte tracce di fibre vegetali carbonizzate, purtroppo troppo mal conservate per essere analizzate.

Area (Aia – ambiente 20)

L'aia consta in un vastissimo ambiente (fig. 24;26), a pianta rettangolare (largh. 8 m; lungh. portata in luce 12 m), anch'esso esterno alla villa ma comunicante con il retrostante ambiente 18 con cui costituiva un tutt'uno. È probabile che, in analogia con altri impianti simili, esistesse una piccola rampa di accesso lungo il lato sud dell'ambiente, che purtroppo non è stata portata in luce, lungo la quale dovevano transitare gli animali da soma e gli addetti all'accatastamento delle derrate.

L'interno del locale è pavimentato con solido cocciopesto che risale anche lungo le pareti rinforzate da un pulvino che gira tutt'intorno alla base dei muri. Le pareti sono costituite da un basso muretto, realizzato con schegge di tufo giallo e cruma, alto circa 30 cm, che terminava con una copertura a bauletto rivestito di *opus signinum*.

La pavimentazione, coerente con quella dell'ambiente 18, è rialzata rispetto all'esterno di circa 40 cm ed è leggermente in pendenza verso la parete est dove, alla base del muro, si trovavano, ogni 2 m circa (fig. 27), dei fori passanti che

Fig.26 Napoli-Ponticelli: Ambiente 20 - Veduta generale

permettevano all'acqua piovana di scorrere nella contigua campagna. Ciò è confermato dal fatto che durante lo scavo, la stratigrafia vulcanica all'interno dell'ambiente era intatta sino alla pavimentazione, fatto che dimostra come il vasto locale fosse ipetro.

L'associazione planimetrica del *nubiliarum* e dell'*area* risponde a un modello architettonico abbastanza consueto nelle ville dell'area vesuviana: infatti, essa compare nella villa Regina a Boscoreale (DE CARO 1994.60 ss.) e nella villa n.1 di Terzigno (CICIRELLI 1989.28 ss. fig.8) mentre, un'uguale disposizione planimetrica si riscontra nella villa

---

[2] Varr. *De re Rust.*, I 13,5. "*Nubiliarum fenestras quoque habebit unde ventus commode perflat: sic enim frumentum non marcescet*"; Col., *De Re Rust.*, I 6,24.
[3] Si tratta di un nocciolo di *prunus persica*. Cfr. STEFANI 2003.31; BORGONGINO 2006.189 ss.

Fig.27 Napoli-Ponticelli: Ambiente 20 - Particolare degli colatoi per l'acqua piovana

Fig.28 Napoli-Ponticelli: Ambiente 11 - Particolare della decorazione pittorica

n.2 di Terzigno (CICIRELLI 1989.31 ss. fig.11), dove i due ambienti concamerati si dispongono allo stesso modo al di fuori della villa e adiacenti all'ingresso.

Hortus (Orto- ambiente 27)

Lungo il lato est del complesso (fig. 6), si estendeva una vasta area (25 x 15 m), cinta da un basso muretto (alt. 1,20 m ca.) in *opus reticolatum*. Questo spazio doveva forse essere adibito alla coltivazione degli ortaggi o di qualche albero da frutto. L'attento scavo del paleosuolo non ha rilevato però particolari tracce di arbusti o alberi, né quelle di coltivazioni come arature e simili, segno, questo, che forse al momento dell'eruzione l'area doveva essere incolta, oppure sfruttata per il pascolo e il ricovero del bestiame.

Strutture simili, destinate a *hortus*, sono state rinvenute in altre ville del circondario vesuviano come quella, molto simile, che compare nella villa n. 2 di Terzigno (CICIRELLI 2003.203).

Cubicula (ambiente 11; 19)

Lungo il lato est dell'ingresso 10 si colloca una stanza (ambiente 11) a pianta rettangolare (5,10 x 3 m) comunicante con un altro piccolo locale (ambiente 19) (2,50 x 1,50 m) con cui costituiva un tutt'uno, quasi una sorta di piccolo appartamento, forse adoperato negli ultimi tempi dal *vilicus*.

L'ingresso all'ambiente 11 è posto nell'angolo tra il braccio est-ovest e quello nord-sud del portico. La funzione residenziale è tradita da un pavimento in finissimo *opus signinum*, privo però di ornamenti e da una decorazione pittorica, in probabile III stile, di cui si conserva solo parte della zoccolatura lungo la parete sud (fig. 28).

La porzione conservata dell'intonaco dipinto mostra parte della predella di base affrescata in nero, su cui si staccano delle riquadrature costituite da sottili linee bianco-azzurre. Durante lo scavo, tra il materiale concernente il crollo delle pareti, non è stato recuperato nessun altro frammento d'intonaco dipinto, segno, questo, che nel 79 d.C. gran parte dell'affresco doveva essere già deteriorato.

L'ambiente 19, comunicante con il precedente tramite un piccolo varco, è invece da considerarsi di servizio poiché mostrava le pareti semplicemente imbiancate con intonaco rustico e una pavimentazione costituita dal solito battuto presente anche nell'ambulacro del portico.

Nei giorni che precedettero l'eruzione, l'ambiente 11 fu usato come deposito sia di attrezzi agricoli, che di parte della suppellettile in uso nella casa, la quale doveva essere in parte disposta su una serie di mensole lignee disposte lungo la parete est dell'ambiente ed in parte sul pavimento.

Oletum (ambienti 10-21-25-26-28-37)

Lungo il lato est del portico si apre l'ingresso a una serie di ambienti (fig. 24) identificabili con ogni probabilità con l'*oletum*, in altre parole con quelle stanze adibite alla produzione dell'olio di oliva.

Cella (Ambiente 26)

Si accede a quest'area dall'ambiente 26, uno stretto e infossato locale (4,50 x 1,50 m), il cui cattivo stato di conservazione non consente di comprenderne la originaria funzione. L'ambiente, ricavato probabilmente in un secondo momento sfruttando in parte le strutture in opera incerta della fase 1, è reso ancor più infossato poiché l'originario piano di calpestio venne notevolmente abbassato mettendo in luce le fondazioni dei muri perimetrali.

Cella: ergastulum ? (ambiente 21)

Nella disposizione concamerata degli ambienti, il vano 21 è il più interno. Anche in questo caso si tratta di un piccolo locale a pianta quadrangolare (2,30 x 2,30 m), privo di rivestimenti parietali e dal pavimento costituito da terreno battuto ricavato dall'abbassamento della quota di calpestio che ha messo in luce le fondazioni dei muri.

La serie di modifiche che si possono leggere sulle pareti perimetrali furono utili ad adattare l'ambiente alle nuove esigenze. Difatti, il rinvenimento della *meta* in pietra lavica pertinente a una *mola manualis* e di alcuni elementi di ferro (ceppi ?), purtroppo mal conservati, potrebbe indurre ad identificare questo locale con il ricovero degli schiavi[4].

Gli ambienti più propriamente atti alla frangitura delle olive sono, invece, costituiti dalle stanze 28, 37 e 25.

Trapetum (ambiente 25)

L'ambiente 25 è facilmente identificabile con il locale che ospitava il *trapetum*. Il vano, a pianta rettangolare (4,50 x 2,70 m), mostra un pavimento realizzato con l'usuale battuto di pietrisco e malta che caratterizza anche altre parti della villa, su cui fu ricavata la base del *mortarium* della macina (fig. 29).

Si tratta di un'area circolare, di circa 1,60 m di diametro, costituita da una piattaforma in muratura, in origine rivestita di *tectorium* bianco, il cui bordo era delimitato da frammenti di laterizio secondo una tecnica molto simile a quella adoperata per la base della mola dell'ambiente 8.

Purtroppo del *trapetum* non abbiamo trovato alcuna traccia, per cui non siamo in grado di dire se si trattasse della consueta macina costituita dalle due *orbes* ruotanti nel *mortarium*, oppure, visto il limitato spazio di manovra, di una macina costituita da una sola *orbis* ruotante sul perno.

Il mancato rinvenimento della macina è da imputare, più che a una sua assenza al momento dell'eruzione, al fatto che essa deve essere stata cavata dopo il 79 d.C. Infatti, la stratigrafia vulcanica di questa parte della villa era assolutamente sconvolta presentando gli strati di crollo, di cinerite e di lapillo non più in giacitura primaria, ma mescolati a terreno agricolo, contenente materiale ceramico d'età moderna.

Torcular (Ambiente 28)

Dopo aver macinato le olive, la polpa, inserita in sacchetti di vimini (*fisci*) veniva portata nel vicino ambiente 28 ove veniva pressata. In verità la forma quadrangolare del piccolo locale (2 x 2 m), la pavimentazione, realizzata con scaglie di tufo e laterizi ben costipati e allettati in abbondante malta, che forma un bacino leggermente concavo al centro, e la stessa posizione dell'ambiente, rialzata di circa 80 cm rispetto al piano della macina, farebbe ipotizzare l'uso di un piccolo *torcular* per la premitura della polpa di olive (fig. 30).

Fig.29 *Napoli-Ponticelli: Ambiente 25 - Base del Trapetum*

Fig.30 *Napoli-Ponticelli: Ambiente 28 - Torcular oleario*

In realtà lo scavo non ha rilevato alcun alloggiamento per gli *arbores* di un eventuale torchio a leva, per cui è immaginabile l'uso di una piccola pressa portatile che era facilmente montata all'occorrenza, fatto, questo, che avvalora l'ipotesi che la quantità di olio prodotta nella villa fosse a uso esclusivo dei suoi abitanti, come del resto è possibile riscontrare in tutte le ville dell'area vesuviana[5].

Lacus oleario (ambiente 37)

Una volta pressata, la polpa di olive (*amurca*) e l'olio che ne risultava, erano posti nel *lacus* che a Ponticelli non era formato da una vasca in muratura ma, vista la limitatezza dell'impianto, esso era plausibilmente costituito da una tinozza metallica o di terracotta sistemata nel piccolo vano 37, su due spallette in muratura poste proprio sotto il *calcatorium* 28. L'utilità di questa vasca consisteva nella

---

[4] Una sistemazione planimetrica simile, tra locale del *trapetum* ed *ergastulum*, si riscontra nella villa del fondo Brancaccio a Pompei, cfr. DELLA CORTE 1921. 423 ss.

[5] Per la ricostruzione di un torchio oleario dell'area pompeiana, cfr. JACONO 1941.1 e ss.

semplicità con cui avveniva la decantazione del liquido di spremitura, favorendo la discesa dei residui di noccioli e polpa verso il basso, lasciando l'olio in superficie che era travasato da uno schiavo (*capulator*) nei *dolia*.

Cella Olearia (ambiente 10)

La cella olearia della villa, così come accade anche in altri impianti agricoli del suburbio pompeiano[6], era posta nel vano d'ingresso (amb.10) ove furono sistemati tre *dolia*. I recipienti sono stati trovati schiacciati al suolo (fig. 31) lungo la parete est dell'ingresso dal crollo dello stesso muro che fu abbattuto, come molte altre strutture della villa, in direzione nord-ovest.

Si tratta di doli di medie dimensioni (diam. bocca circa 35-37 cm, capacità 250 litri) a fondo piatto, pertanto atti ad essere messi su un pavimento. Nei pressi è stata anche trovata una situla bronzea con manico di ferro, probabilmente usata dal *capulator* per le operazioni di travaso.

Infine, uno dei doli mostrava poco sotto all'orlo un'iscrizione graffita (vedi *infra*) in caratteri oschi (fig. 32).

Torcular vinario (ambienti 1-2)

Il locale per la lavorazione dei prodotti della vigna è il più grande di tutta la villa (67 mq ca.), tanto più che al suo interno erano sistemati due torchi a leva del tipo descritto da Catone. L'ambiente (fig. 14; 34) è come di consueto diviso nelle due zone: la prima (n. 1), detta *forus* o *calcatorium* e la seconda (n. 2), chiamata camera di manovra cui si devono aggiungere il bacino del *lacus* (ambiente 3) e il vano ipogeo d'ispezione (ambiente 38).

Fig.31 Napoli-Ponticelli: Ambiente 10 - Dolia

La disposizione planimetrica del *torcular* è del tutto identica a quella riscontrabile a Villa dei Misteri (MAIURI 1931.96, figg. 40-42) dove analogamente vi è un solo *calcatorium* che ospita due macchine, a differenza di quello che accade nella villa della Pisanella e di quella detta Casa dei Miri a *Stabiae* ove le due macchine sono sistemate in due *fora* contrapposti, mentre l'area di manovra è in comune (PASQUI 1897, coll.464-474, fig.51-53; RUGGIERO 1997.333, tav. XII).

L'ambiente 1, il *calcatorium* (5,80 x 4 m), era separato dall'area di manovra (ambiente 2) da un basso muretto, oggi conservato per circa 35 cm di altezza, ma che in origine doveva essere alto non meno di 50 cm. La pavimentazione del bacino è tutta in solido cocciopesto, soprelevato rispetto all'area di manovra di circa 80-85 cm, leggermente inclinato verso quest'ultima e rinforzata alla base dei muri perimetrali da un pulvino, con profilo a quarto di cerchio, per evitare la perdita di liquido durante le operazioni di spremitura.

Fig.32 Napoli-Ponticelli: Particolare dell'iscrizione osca su dolium dall'ambiente 10

Lo stato di conservazione delle pareti è pessimo mentre,

---

[6] PASQUI 1876.196 ss.; DELLA CORTE 1923.280 ss.

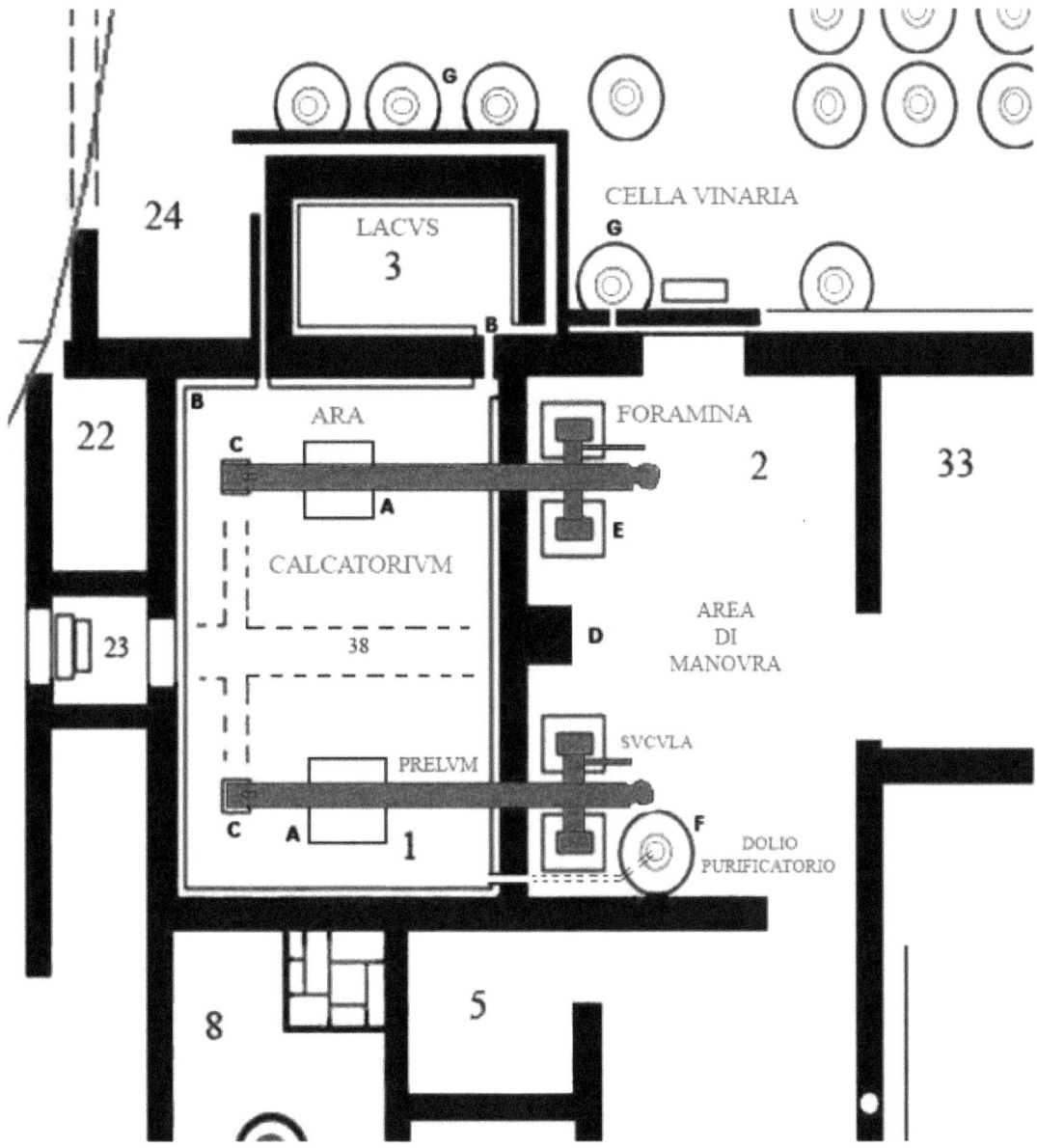

Fig.33 Napoli-Ponticelli: Planimetria della villa di C. Olius Ampliatus - particolare del Torcular

il piano in cocciopesto della vasca è molto ben conservato tranne che nel settore centrale dove è maggiormente usurata. Questa parte del pavimento corrisponde alle due *arcae* (fig. 33.a), disposte sotto le travi principali dei due torchi, dove il logoramento del pavimento era maggiore per la pressione esercitata durante le operazioni di torchiatura. Analogamente molto mal conservati sono i *canales* (fig. 33.b) che convogliavano il liquido di spremitura sia ai doli purificatori, che al *lacus,* ma le labili tracce rimaste, hanno comunque permesso di posizionarla sulla planimetria.

Lungo la parete sud del *forus* si disponevano due *foramina* (fig. 33.c) quadrangolari, ognuno rivestito da un *lapis* in pietra lavica (circa 80 x 80 cm) con, al centro, un foro passante di circa 40 cm di lato ove era inserito l'*arbor* (trave verticale del torchio 40 cm di lato ca.) che scendeva in un pozzetto profondo circa 2 m. Sugli *arbores* si articolavano i *prela* dei due torchi: Ogni *prelum* doveva avere una lunghezza minima di almeno 5-6 m e doveva essere costituito da una trave di legno, in genere di quercia, come dimostra il nome dialettale di *cercola* (quercia) assegnato in Campania all'elemento principale del torchio.

I *prela* erano in stretta relazione con i verricelli sistemati nell'adiacente locale di manovra. Questa parte del *torcularium* (ambiente 2) è accessibile a oriente da un vano situato alla fine del braccio est-ovest del portico 7, ed a sua volta comunica a nord con il vano 33 e a ovest con la cella vinaria 4. Il locale (5,80 x 4,90 m) era pavimentato con un battuto di malta cementizia e pietrisco identico a quello che si rinviene in altri ambienti della casa, mentre le pareti erano rivestite di *tectorum* bianco.

Come detto la divisione tra questa parte e il soprastante *forus* è assicurata dal suddetto muro divisorio e da un pilastro (fig. 33.d). Il pilastro, a base quadrangolare (60 x

60 cm ca.), s'innalzava al centro della stanza svolgendo una duplice funzione: quella sostruttiva, per le capriate del tetto e quella di assicurare l'ancoraggio di una trave trasversale sistemata in corrispondenza dei sottostanti verricelli. Su questa trave erano sospese le carrucole (*trochleae*) entro cui scorrevano le corde (*funes lorei* e *funis torculus*) che assicuravano la trazione del *prelum* sul *calcatorium*. Un sistema del tutto simile, che ci ha sicuramente consentito di interpretare le tracce rimaste nella villa di Ponticelli, è la mirabile ricostruzione del *torcular* di Villa dei Misteri a Pompei.

Lungo il muro divisorio tra *forus* e camera di manovra erano sistemati 4 *foramina* (fig. 33.e), due per ogni torchio (fig. 34), costituiti anche in questo caso da pietrini (*lapides pedicini*) in lava del Vesuvio (60 x 80 cm), con fori passanti di forma di rettangolo (35 x 18 cm), entro cui erano inseriti i montanti verticali del verricello detti *stipites*. Queste travi, che scendevano nei sottostanti pozzetti per una profondità di circa 1 m, costituivano i sostegni verticali del verricello. Questo era costituito da un tamburo (*sucula*) ligneo, di forma cilindrica, che mosso da leve (*vectes*) permetteva la discesa del *prelum* sulla catasta di vinacce.

Fig.34 Napoli-Ponticelli: Ambiente n. 2 - Particolare di uno dei Foramina

Ricapitolando velocemente il processo di produzione, è necessario dire che una volta effettuata la vendemmia ai primi di Ottobre, i cesti (*corbulae*) colmi d'uva erano scaricati sul *calcatorium*, dove i grappoli erano pigiati con i piedi dai *calcatores*. Il liquido ricavatone finiva nei cosiddetti *doli purificatori*, che a Ponticelli erano sistemati uno nella camera di manovra, presso il torchio di sinistra, guardando verso sud, e cinque nella cella vinaria, collegati al torchio di destra, ma più in generale a tutto il *calcatorium*.

Al dolio collocato nella pavimentazione della Camera di Manovra (fig. 33.f) è sicuramente riconducibile sia la fistula, che l'infundibulo di piombo rinvenuti nell'ambiente 11, adoperati nelle operazioni di travaso del liquido della pigiatura. Al torchio di destra erano, invece, connessi cinque doli posti nella cella vinaria, collegati al *calcatorium* tramite una canaletta in muratura, rivestita di *opus signinum*, che aggirava il *lacus* e riversava nei doli il liquido di spremitura (fig. 35). Questi recipienti erano sistemati due nei pressi del varco di collegamento tra la Camera di Manovra e la cella vinaria e altri tre lungo la parete occidentale del *lacus* (fig. 33.g).

Fig.35 Napoli-Ponticelli: Ambiente n. 3 - Particolare di una delle canalette del Lacus

Essi erano stati fabbricati insieme al muretto di sostegno alla canaletta per far in modo che la bocca del recipiente fosse quanto più vicina possibile allo sversatoio di collegamento tra dolio e canaletta. Se il dolio posto nella camera di manovra era probabilmente ancora in uso nel 79 d.C., sicuramente, questi cinque recipienti non lo erano più, poiché essi erano stati completamente rimossi lasciando la loro impronta nella malta cementizia del muretto di sostegno al *lacus* (fig. 36). Inoltre, anche il sistema di canalizzazione era stato defunzionalizzato con due sbarramenti che impedivano il deflusso di qualsiasi liquido dal *calcatorium* ai doli, ma anche con la chiusura delle

Fig.36 Napoli-Ponticelli: Ambiente n. 3 - Particolare dell'alloggiamento dei Dolia

Fig.37 Napoli-Ponticelli: Ambiente n. 3 - Veduta generale del Lacus

cannule di sversamento segno, questo, che si era in pratica rinunciato a questo passaggio nel processo di vinificazione.

Pertanto è molto probabile che, in vista di una produzione di più largo consumo e quindi di minore qualità, fosse usato esclusivamente il *lacus*.

Ritornando al processo di produzione (BORGONGINO 1999.89 ss.), una volta terminata la pigiatura, le vinacce erano collocate nelle *arcae* e in seguito pressate con i torchi, anche più di una volta, ottenendo un liquido che finiva nel sottostante *lacus* dove era sottoposto a decantazione e fermentazione[7].

Lacus (ambiente 3)

Il *lacus* (ambiente 3) è costituito da una bassa vasca (fig. 33.3) in muratura (fig. 37), con pavimentazione in cocciopesto e pulvini in *opus signinum*, molto ben mantenuto (fig. 38), a pianta rettangolare (2,90 x 1,80 m), collegata direttamente al *calcatorium* tramite un'altra canaletta (fig. 33.b), rivestita di *opus signinum,* molto mal conservata.

Camera d'ispezione del Torchio (ambienti 9; 23; 38)

In nessun impianto dell'area vesuviana a noi noto esiste un ambiente costruito per il montaggio e l'ispezione del torchio. Infatti, era consuetudine che nei pressi dei *foramina* degli *arbores* e degli *stipites* si aprissero dei pozzetti adatti a questa necessità, com'è ancora possibile vedere nelle ville dei Misteri a Pompei o a Villa Regina a Boscoreale. Si tratta in genere di piccole cavità incassate nelle pavimentazioni, spesso coperte alla cappuccina, in cui un uomo, entrando difficilmente, accedeva alla base delle travi del torchio fissandole con perni e chiavarde di ferro.

Fig.38 Napoli-Ponticelli: Ambiente n. 3 - Particolare della pavimentazione del Lacus

Nella villa di Ponticelli quest'apprestamento assume dimensioni inusitate, forse perché esso fu usato anche come locale cantinato ove ricoverare masserizie e beni di prestigio della casa.

Andron (corridoio 9)

Affinché il vano ipogeo del torchio fosse facilmente accessibile al fattore e agli addetti alla manutenzione delle macchine agricole, senza per questo dover necessariamente attraversare la villa, fu creato il corridoio 9 (fig. 13), posto tra l'ingresso 10 e il cortile 17. Si tratta di uno spazio esterno all'abitazione vera e propria, ma in stretta connessione con gli ambienti di servizio (ambiente 18 e quelli contigui ancora sepolti) che si aprivano su di esso.

Il corridoio 9 è dunque limitato a sud dagli ambienti suddetti, mentre a nord dall'unico muro in opera incerta della fase

---

[7] Col. *De Re Rustica*, XII,40.

1 che fu risparmiato nelle successive ristrutturazioni e che creava con le pareti meridionali degli ambienti 1 e 8 una sorta di anticamera (ambiente 23) al sotterraneo. La pavimentazione di questo corridoio, costituito da terreno, frammenti ceramici, scialbatura di calce e detriti edilizi compattati, procede con una ripida discesa lunga 12 m ca., dalla quota del piano di campagna antico, distinguibile presso l'ingresso 10, sino a -1 m nei pressi dell'ingresso al piccolo Ambiente 23.

Anticamera (ambiente 23)

Si accedeva a questo locale dal corridoio n.9 collocato nella parte postica del torchio (ambiente 1) che immette nella piccola anticamera n. 23. Questo locale (1,58 x 120 m) fu creato utilizzando le pareti in opera incerta della fase 1 e quella meridionale in opera reticolata del torchio (amb.1). La parete sud in opera incerta fu sbreccata e ne fu ricavato l'ingresso (largh. 80 cm), rinforzato da mazzette in blocchetti di tufo e pavimentato con una soglia costituita da una tavoletta di legno che ha lasciato la sua impronta sulla malta cementizia.

Fig.39 Napoli-Ponticelli: Ambiente 23 - Particolare dell'ingresso

Le pareti, prive d'intonaco, conservate per oltre 2 m di altezza, terminano con l'accenno dell'intradosso di una piccola volta a botte che costituiva la copertura dell'ambiente, i cui calcinacci sono stati trovati crollati all'interno del locale. Allo stesso modo gli stipiti dell'ingresso, conservati per circa 1,70 m di altezza, terminano con l'attacco di un piccolo arco a tutto sesto in blocchetti di tufo che sormontava la porta (fig. 39). Superata l'entrata, due gradini (fig. 40), costituiti da blocchi di tufo giallo (80 x 30 cm ca.; alzata 18-35 cm), permettevano di accedere al pavimento in terra battuta del piccolo vestibolo posto a circa -1,50 m dal piano antico e a - 2,70 da quello attuale.

Camera d'ispezione **(ambiente 38)**

Sulla parete meridionale del piccolo ambiente si apre l'ingresso al sotterraneo la cui pianta (fig. 41) si sviluppa sotto il pavimento del *calcatorium* (ambiente 1).

Quest'ingresso è simile a quello descritto per l'anticamera 23, infatti, anch'esso è costituito da un passaggio arcuato (largh. 62 cm; alt. 1,90 m) che in antico era chiuso con una porta (fig. 40). Durante lo scavo si è, infatti, trovata la soglia, costituita da un blocco di tufo sagomato con un fermaporta, mentre a circa 2 m di altezza sulle pareti laterali sono presenti i due fori a sezione rettangolare (20 x 12 cm) in cui era inserita la trave che costituiva lo stipite superiore dell'ingresso.

Fig.40 Napoli-Ponticelli: Ambiente 38 - Particolare dell'ingresso

Superato l'ingresso, dopo aver disceso altri due gradini simili ai precedenti, si accede a uno stretto corridoio coperto a volta che si addentra verso nord per una lunghezza uguale

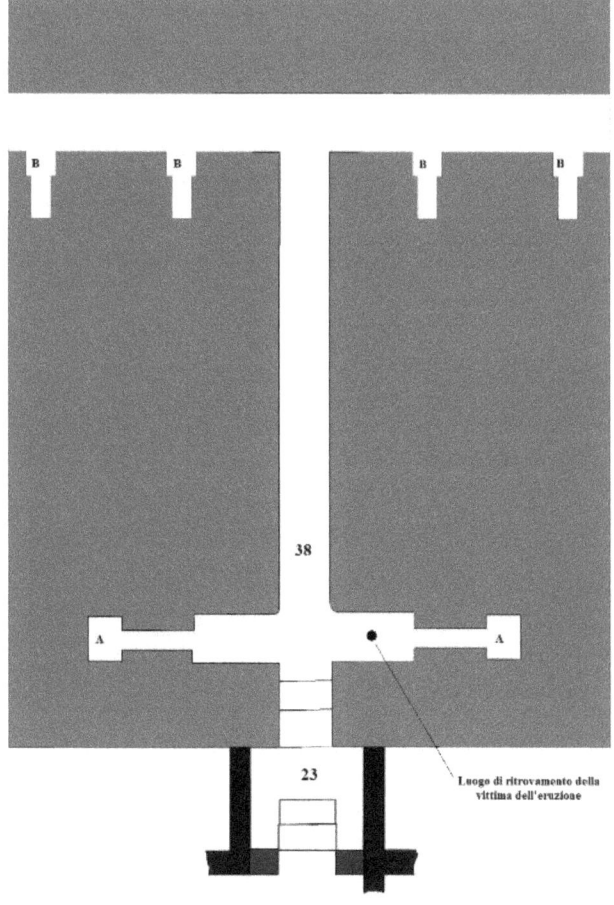

Fig.41 Napoli-Ponticelli: Ambiente 38 - Planimetria

Fig.42 Napoli-Ponticelli: Ambiente 38 - Veduta generale

a quella del soprastante ambiente 1[8] (Lungh. 5 m; largh. 0,62 cm; alt. 2 m) (fig. 42). Le pareti sono, come le altre della fase 2, realizzate in opera reticolata con ammorsature di tufelli angolari e ghiere degli archi costruite con gli stessi blocchetti, mentre la pavimentazione è costituita da terreno battuto. Lungo il suo percorso, all'inizio e alla fine del camminamento, si dipartono quattro bracci laterali, due per parte, che davano accesso sia ai *foramina* dei soprastanti *arbores* del *calcatorium* (fig. 41.a) che ai pozzetti per il fissaggio degli *stipites* del torchio collocati nell'ambiente 2 (fig. 41.b).

Scendendo nello specifico, dopo il primo tratto del camminamento, lungo 1 m, si aprono due bracci secondari, lunghi anch'essi 1 m e uguali a quello principale, attraverso cui si accedeva a due altri piccoli ingressi arcuati, larghi solo 40 cm e profondi circa 1,70 m, attraverso i quali si raggiungevano i due pozzetti (fig. 41.a) (40 x 40 cm) ove erano inseriti gli *arbores* dei *torcularia*. Nessuno dei due *arbores* era ancora piantato nel suo alloggiamento, poiché una volta terminata la vendemmia tutte le parti che costituivano le macchine agricole, erano smontate, ripulite e risposte in appropriati locali per poi essere riutilizzati l'anno successivo.

Nonostante ciò nel pozzetto posto alla fine del braccio secondario alla sinistra di chi entra si è trovato ancora intatto e nella sua posizione originaria, una delle fasce di ferro (fig. 43) con cui era cerchiato l'*arbor* che poi era fissato con perni.

Nei giorni precedenti il seppellimento, furono depositati nei due bracci secondari alcuni oggetti, forse usati per tenere in fresco alcuni alimenti. Nel braccio di sinistra si sono trovate una grande olla monoansata in ceramica comune e una coppa a pareti sottili con presa a fusto cilindrico, mentre nel corridoio di destra si è trovato una brocca con orlo trilobato in ceramica comune e una piccola *situla* di bronzo.

Oltrepassati i due bracci, il corridoio procede dritto per una lunghezza di 5 metri, mantenendo costante la pendenza, sino a incontrare altri due passaggi laterali. Nel punto d'incrocio tra il braccio principale e quelli laterali, sono state rinvenute sul pavimento due lucerne a becco tondo prive di decorazioni, integre e quindi in uso nel 79 d.C. e una piccola ciotola in ceramica comune, ridotta in frammenti, contenenti una sostanza organica ridotta in polvere tra cui, però, si sono riconosciuti un guscio di noce e due fichi (fig. 44-45).

---

[8] Il vertice della volta del corridoio 38, nella parte sotto il *forus*, è posto ad 1,50 m al disotto del pavimento in cocciopesto del *calcatorium*, mentre la pavimentazione è collocata a circa 3,65 m da esso. Il corridoio è in netta pendenza (circa 50 cm di dislivello) tra l'ingresso a sud e la parte terminale a nord, ciò per permettere di raggiungere la base degli *stipites,* posti a circa 50 cm più in basso del piano del *calcatorium.*

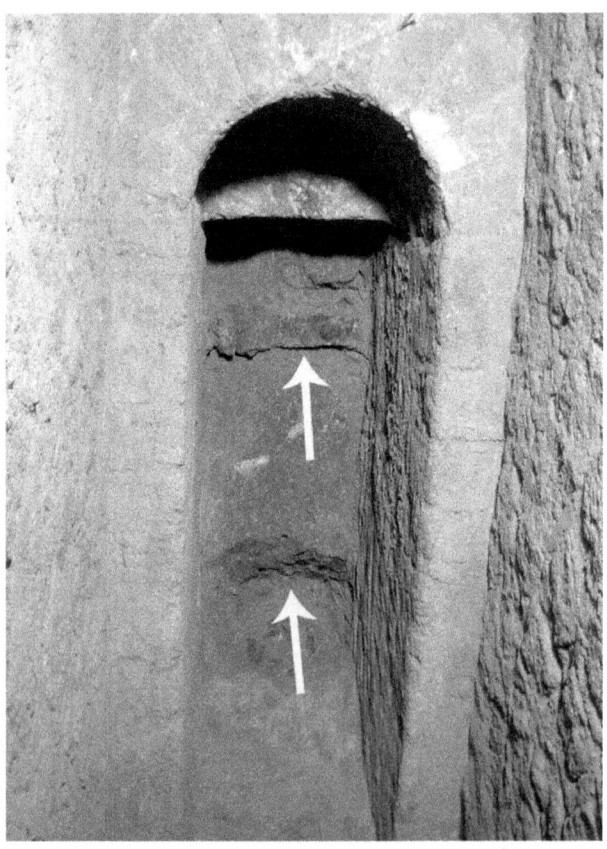

Fig.43 Napoli-Ponticelli: Ambiente 38 - Particolare di uno dei pozzetti con fasce per il fissaggio dell'Arbor del torchio

Fig.44 Napoli-Ponticelli: Ambiente 38 - Particolare del guscio di una noce

Fig.45 Napoli-Ponticelli: Ambiente 38 - Particolare di un fico essiccato

Cella Vinaria (ambiente 4)

La cella vinaria della villa di Ponticelli (fig. 6) è costituita da un vasto locale a pianta rettangolare (25 x 10 m; 275 mq ca.)[9]. Come in tutti gli impianti dell'area vesuviana, la cella vinaria era scoperta e accessibile sia dalla camera di manovra del torchio, che dal contiguo ambiente 33,

L'accesso dalla camera di manovra avviene tramite un varco, con soglia in pietra lavica, e da un piccolo gradino in muratura che permette di superare il dislivello tra quest'ambiente e il piano della cella (circa 50 cm più in basso) che è costituito da terreno battuto in cui furono parzialmente sotterrati ventisei doli che, sporgendo in superficie con la sola bocca, vengono detti *dolia defossa* (fig. 46).

Le pareti perimetrali sono molto mal conservate per cui non siamo in grado di dire se, come accade in altri impianti, esistessero delle feritoie o delle aperture lungo le pareti, mentre in base ai lacerti rimasti, possiamo dire che i muri, nel lato rivolto verso l'interno del locale, erano intonacati con *opus signinum*.

La maggior parte dei recipienti sono disposti in tre file di sei doli, ordinate in senso nord-sud, per un numero complessivo di diciotto *dolia*, mentre, come detto, altre cinque giare erano sistemate lungo il canale proveniente dal torchio, altre due sono collocate intorno al nucleo principale, ma non in asse con gli altri e gli ultimi tre si trovano lungo la parete occidentale della cella.

Nella disposizione dei doli non sono rispettate le spaziature consigliate dagli agronomi antichi[10], infatti, alcuni sono

---

[9] Poche ville rustiche del circondario vesuviano possono vantare un ambiente a se stante e di questa grandezza, adibito a cella vinaria giacché, la maggior parte di esse è ricavata all'interno del portico.

[10] Col. *De Re Rustica*, XII,18; Plinio *N.H.*,XIV,134.

Fig.46 Napoli-Ponticelli: Cella vinaria - Veduta generale

Fig.47 Napoli-Ponticelli: Cella vinaria - Particolare di un Dolium

sistemati a circa 20 cm di distanza l'uno dall'altro mentre, in altri casi, le giare si sfiorano quasi.

È altresì evidente che tutti hanno ricevuto massicce riparazioni eseguite con piombature e grappe a coda di rondine lungo tutta la circonferenza ed anche per legare parti degli orli (fig. 47) ed è altrettanto palese che negli ultimi anni in cui la cella fu usata, alcuni *dolia* siano stati rimossi e sostituiti con altri sistemati alla rinfusa senza rispettare le file ordinate del gruppo principale.

Ovviamente tutti i recipienti, dopo alcuni giorni dal travaso, erano stati sigillati con gli *opercola*, in altre parole con dei coperchi fittili provvisti di presa centrale, su cui erano stati sistemati gli scudi di terracotta (*tectoria*).

Si tratta di dischi di circa 3 cm di spessore e 80 cm di diametro, leggermente convessi, muniti di tre piedini, che erano sistemati sui coperchi come altro elemento di protezione. Tutti questi scudi di terracotta erano presenti nella cella vinaria di Ponticelli, ma nessuno di essi è stato trovato al suo posto poiché l'onda d'urto del flusso piroclastico ha determinato il crollo della parete occidentale, che delimitava anche gli ambienti 1,2,3,33 e 34 ed ha schiacciato tutti i doli e i loro coperchi che in parte sono implosi all'interno dei recipienti stessi e in parte si sono rovesciati all'esterno.

LA STRUTTURA DELLA VILLA:
LA PARS URBANA

Sergio Cascella

As in all Roman villas, the colonnaded courtyard is the center of the house. The peristyle of the Villa of C. Olius has a planimetry that describes a "U" with the arms of equal size (lungh.12; largh.3 m). The peristyle (fig. 6) is consists of 4 columns per side. The columns, which are set on a masonry base, were as high in originally at least 3 m, with a base diameter of approximately 44 cm (fig. 48). The stalk of the column is made of bricks, united with cement, coated in white plaster, which, in the lower third of the column, was painted in red. The east wing of the peristyle was occupied by three local (fig. 49) adjacent (No. 36, 29, 30). The environment 36, identified with a triclinium, has a rectangular plan (4.50 x 4.75 m). The floor is a mosaic with a black and white tesserae decorated with a meander (fig. 50) unfortunately very poorly preserved. Adjacent to the triclinium there was the environment 29 identified with a cubiculum. Today there remains only the north-eastern corner, but originally the room (fig. 50) had a rectangular plan, slightly smaller than the previous (3 x 4.75 m), but embellished by a beautiful floor made of opus signinum (fig. 51), decorated with a geometric pattern of white tesserae depicting the hexes that have a square in the center and small crustae hexagonal and square, made of colored marble. The environment 30 (fig. 50), adjacent to the previous one (3 x 4.75 m), it is probably identifiable with an alcova. Infact, the floor in opus signinum, it shows a rectangular area devoid of decoration (fig. 52), which was evidently occupied by the bed. The environments 40 and 15 (fig. 6) we arrived in poor condition. The discovery of fragments of tegulae mammatae, mosaic tiles and a bronze strigil, would lead to hypothesize that this part of the house was occupied by a small terma (balneum).

Perystilium (ambienti 7-35)

Come in tutte le ville romane di questa parte della Campania antica, la corte porticata costituisce il centro della casa e il perno su cui impostare la distribuzione delle percorrenze.

Il peristilio della villa di *C. Olius* ha una pianta a "U" con bracci di uguali dimensioni (lungh.12; largh.3 m), ma come detto, il profondo sbancamento operato negli anni '80 ne ha irrimediabilmente distrutto la parte nord-est, mentre ben conservata è quella sud.

Il peristilio (fig. 6), accessibile direttamente dall'esterno tramite l'ingresso 10, come accade in molti altri complessi simili (DELLA CORTE 1921.461; 427), è costituito da 4 colonne per lato. Le colonne, che sono impostate senza base su uno stilobate in muratura, erano alte in origine almeno 3 m, con un diametro di base di circa 44 cm (fig. 48). Il fusto è realizzato con mattoni a segmento d'arco uniti con malta e rivestiti d'intonaco bianco, privo di scanalature, che nel terzo inferiore era dipinto in rosso (DE CARO 1994, p. 77).

Durante lo scavo non si è rinvenuta traccia dei capitelli che probabilmente erano costituiti da un mattone di maggiori dimensioni, che fungeva da abaco, rivestito di stucco. Il porticato, nel lato sud, presenta bassi muretti tra gli intercolumni, ricoperti d'intonaco rosso, che tra le prime tre colonne, in corrispondenza degli ambienti 5-6, sono in opera incerta della fase 1, mentre in corrispondenza dell'ingresso 10 e a quanto dato di vedere anche lungo gli altri bracci, vennero sostituiti da muretti in opera reticolata. Gli interassi sono irregolari poiché misurano 1,75 m tra

Fig.48 Napoli-Ponticelli: Veduta generale del Peristilio

le colonne che fronteggiano gli ambienti n. 5-6, pari a quattro diametri, proporzioni, queste, che rientrano nei canoni vitruviani[1], mentre l'interasse diventa di circa 3 m in corrispondenza dell'ingresso 10. Da ciò consegue che le corrispondenze tra interassi e aperture degli ambienti siano del tutto approssimative.

L'ambulacro del porticato è pavimentato con un battuto di malta cementizia e cocciopesto, lisciata in superficie e dipinta in rosso, con una leggera pendenza del piano verso il *viridarium*, in cui furono inserite delle tesserine in calcare

---

[1] Vitruvio *De Arch.* VI, III.7.

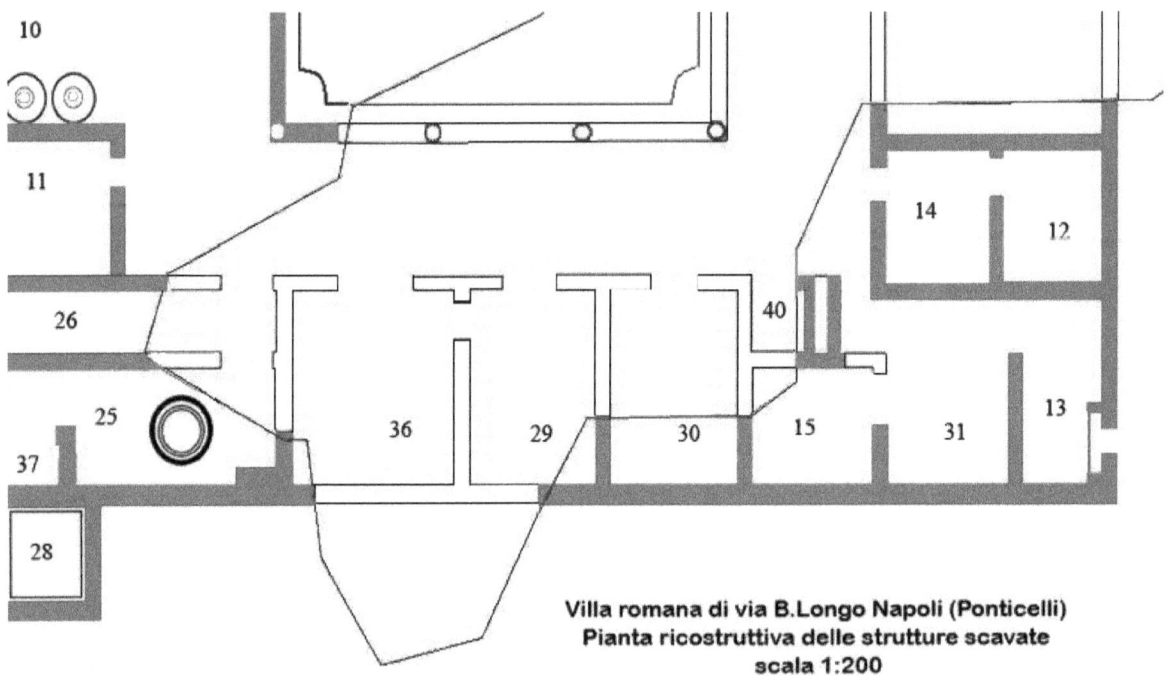

Fig.49 Napoli-Ponticelli: Planimetria della villa di C. Olius Ampliatus - Particolare

bianco che formavano una maglia di quadrati puntiformi. La forte consunzione di questo piano di calpestio ha permesso la conservazione di questa decorazione solo nella parte più interna dell'ambulacro meno soggetta al continuo calpestio.

Infine, le pareti degli ambienti che affacciano sul portico erano rivestite di *tectorum* bianco su cui erano, sovradipinte esili riquadrature in rosso testimoniate dalle pochissime tracce che si sono potute vedere al momento dello scavo.

All'esterno, il porticato era circondato da una canaletta a sezione semicircolare (largh. 60 cm) rivestita di *opus signinum,* che nelle parti angolari si allargava con una forma a quarto di cerchio per favorire la raccolta delle acque che displuviavano dalle falde del tetto e dalle tegole angolari di forma pentagonale (*colliciae tegulae*).

Infine, come sempre, il tetto, formato da un manto di tegole ed embrici terminanti con antefisse, era retto da capriate lignee di cui abbiamo trovato molti frammenti carbonizzati.

Triclinium (ambiente 36)

L'ala est del peristilio, compresa tra l'*oletum* e l'ambiente n.13, era occupata da tre locali (fig. 49) adiacenti (n. 36, 29, 30), disgraziatamente in gran parte demoliti, anche se i lacerti rimasti, ne consentono sia la ricostruzione planimetrica, che lo schema della decorazione pavimentale.

Dell'ambiente 36, identificabile con un *triclinium,* resta sfortunatamente solo l'angolo sud-orientale. In origine si doveva trattare di una stanza abbastanza grande, a pianta rettangolare (4,50 x 4,75 m) con ingresso sul peristilio. Di essa resta un piccolo ritaglio dell'originaria pavimentazione costituita da una fascia tangente alle pareti realizzata in *opus signinum,* dipinto in rosso, di ottima fattura mentre, a giudicare dai frammenti recuperati nel terreno, è probabile che la parte centrale della pavimentazione fosse in mosaico, con un fondo a tessere bianche su cui spiccava un disegno a meandri realizzato a tessere nere (fig. 50).

Nulla, invece, resta dell'eventuale decorazione pittorica.

Cubiculum (ambiente 29)

Contiguo al triclinio e da esso accessibile, vi era l'ambiente 29 identificabile con un *cubiculum,* anch'esso affacciato sul peristilio. Oggi ne resta solo l'angolo nord-orientale, ma in origine la stanza (fig. 51) aveva una pianta rettangolare, leggermente più piccola della precedente (3 x 4,75 m), ma abbellita da uno splendido pavimento realizzato in *opus signinum* (fig. 52), dipinto in rosso e decorato con un disegno geometrico di tessere bianche che raffigura una scacchiera di esagoni che al centro hanno un quadrato, nel cui mezzo compaiono delle piccole *crustae* esagonali e quadrate, realizzate in marmi pregiati.

Si riconoscono, infatti, frammenti di Giallo Antico (*marmor numidicum*), Albastro Fiorito, Pavonazzetto (*marmor phrygium*) e Portasanta (*marmor chium*). Si tratta di un tipo di pavimentazione ampiamente diffusa in ambito campano nel primo periodo augusteo, come tra l'altro dimostra l'uso dei marmi colorati d'importazione[2].

---

[2] POMPEI 1990, vol. I, pp.1 ss., fig.62. Casa del frutteto (I, ins.9,5); POMPEI 1998, vol.VIII, pp.191 ss. fig.25. Casa del Cinghiale (VIII, ins.2, 26-27); DE VOS 1979.174 ss. Triclinio 18 della Casa del rilievo di Telefo ad Ercolano; GUIDOBALDI 2006.253 ss., fig. 148.

Sergio Cascella: La struttura della villa

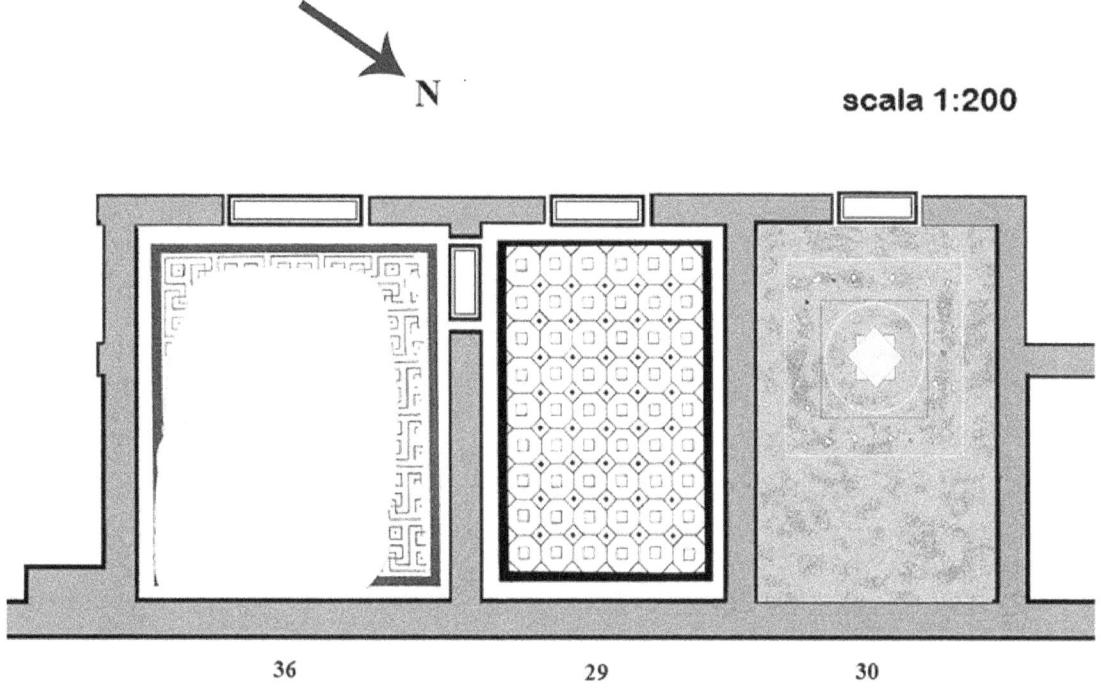

Fig.50 Napoli-Ponticelli: Planimetria della villa di C. Olius Ampliatus - Particolare ricostruttivo degli ambienti nn. 29, 30 e 36

Fig.51 Napoli-Ponticelli: Ambiente n. 29 - Pavimentazione

Fig.52 Napoli-Ponticelli: Ambiente n. 29 - Particolare della decorazione

Alcova (ambiente 30)

L'ambiente 30 (fig. 50), adiacente al precedente (3 x 4,75 m), si apre anch'esso sul peristilio confinando a nord con gli ambienti probabilmente destinati a *culina*. La destinazione ad *alcova* di questa stanza è tradita dai resti dell'elegante pavimento che si è conservato nella metà orientale della camera, poiché la restante parte è andata distrutta nel suddetto sbancamento.

L'estremità orientale della pavimentazione in signino, finemente dipinta in rosso porpora, mostra una zona rettangolare priva di decorazioni (fig. 53), che evidentemente era occupata dal letto, tranne che per alcune tesserine

Fig.53 Napoli-Ponticelli: Ambiente n. 30 - Pavimentazione

Fig.54 Napoli-Ponticelli: Ambiente n. 30 - Particolare della decorazione

bianche sparpagliate nella zona del cosiddetto scendiletto. La restante parte dell'ambiente è, invece, decorata con una fascia tangente alle pareti, priva di decorazioni, che racchiude un'area quadrangolare delimitata da una fila di tesserine di calcare bianco (fig. 50).

All'interno di quest'area è ulteriormente inscritto un quadrato realizzato con tesserine di basalto nero (fig. 54). L'area interposta è decorata con *crustae* di marmi policromi di differente forma. Si riconoscono frammenti di Giallo Antico, Portasanta, Pavonazzetto, Africano e Cipollino, che inducono a datare anche questo pavimento alla prima età augustea.

All'interno di questo secondo quadrato si dispone un *emblema* circolare di tesserine bianche che, a giudicare da alcuni frammenti recuperati, forse conteneva una composizione di marmo policromo realizzata con due *crustae* di maggiori dimensioni in Giallo antico e Bardiglio di Carrara.

Culina (ambiente 40)

Gli ambienti 40 e 15 (fig. 6) sono conservati in pessime condizioni, fatto, questo, che rende difficile una precisa identificazione. Essi si compongono di una probabile piccola stanza, quasi completamente distrutta, ma che mostra parte di un bancone che si può identificare con il piano cottura, ove erano sparse le braci ed erano posti i treppiedi metallici di cui un esemplare è stato trovato, insieme a una brocca di bronzo, sul pavimento (fig. 55).

Cella (ambiente 15)

L'ambiente retrostante (fig. 6), a pianta quadrata (3 x 3 m) è anch'esso malamente conservato, ma la presenza di un piano in terra battuta, e quel che resta delle pareti prive d'intonaco, potrebbe indurre a identificarla come deposito. Questa funzione dovette certamente averla negli ultimi

Fig.55 Napoli-Ponticelli: Ambiente n. 40 - Particolare delle stoviglie

giorni di vita del complesso, infatti, durante lo scavo si sono trovati una serie di oggetti lungo la parete est, probabilmente franati da una scaffalatura di legno, di cui si vedevano le tracce carboniose negli strati piroclastici di riempimento.

Si sono recuperate due anfore, alcuni recipienti in ceramica comune e da fuoco e un piattino in vetro tutti, però, schiacciati sul pavimento dal crollo dei muri perimetrali. A circa 50 cm dal piano di calpestio si sono rinvenuti tre attrezzi agricoli, costituiti da una roncola e una piccozza in e un rastrello di ferro.

Latrina (ambienti 13)

I locali 13 e 31 (fig. 6) sono funzionali l'uno all'altro poiché sono comunicanti tra loro. Il primo (ambiente 13) più piccolo (2 x 4 m), è accessibile dal precedente per mezzo di un gradino posto nell'angolo nord-occidentale dell'ambiente 31. Questo locale ha delle caratteristiche che indurrebbero a identificarlo con la *latrina* della villa.

Infatti, la pavimentazione in cocciopesto è rialzata rispetto a quelle circostanti di circa 30 cm, ma solo presso l'ingresso e lungo la parete ovest discendendo, invece, bruscamente verso l'angolo nord-est della stanza, creando nel pavimento una sorta di pendenza a imbuto. In questo punto, infatti, erano sistemati sulla pavimentazione due piccoli muretti, di cui ci resta in elevato solo quello più orientale, su cui era appoggiata una tavoletta, probabilmente di legno, per permettere la seduta di coloro che usavano quest'impianto.

Sotto questa seduta, la pavimentazione convogliava i liquami in una canaletta, realizzata con tegole (fig. 56), che attraversando il muro perimetrale della villa, sboccava all'esterno del complesso ove essi erano riversati, probabilmente con l'aiuto di secchiate d'acqua gettate direttamente sul pavimento.

Fig.56 Napoli-Ponticelli: Ambiente n. 13 - Veduta generale della Latrina

L'attenta pulizia della pavimentazione in terra battuta dell'ambiente 31 ha, inoltre, evidenziato la presenza di un discendente, costituito da tubuli fittili maschio/femmina impilati gli uni negli altri, (fig. 57) che dal tetto dell'ambiente correva giù lungo la parete esterna est della stanza per poi attraversarla e, con una pendenza costante, dirigendosi verso i locali 12 e 14. È evidente che l'intenzione era di non disperdere l'acqua piovana ma di convogliarla verso l'ala nord del complesso.

Cella (ambiente 31)

L'ambiente 31, a pianta rettangolare (2,90 x 4 m), è pavimentato in terra battuta e le pareti sono rivestite di *tectorum*. È probabile che questa stanza sia stata utilizzata come deposito di attrezzi adoperati nella Latrina in precedenza esaminata.

L'ala nord della villa (ambienti 14-12)

Dell'ala nord del complesso (fig. 6) restano parzialmente visibili due ambienti concamerati e di uguali dimensioni (3 x 3 m). Questi locali, che si affacciavano sul peristilio, nell'angolo tra il braccio nord-sud e quello est-ovest del complesso, erano funzionali l'uno all'altro poiché comunicanti tra loro, ma non con gli ambienti limitrofi né a ovest, né a est.

I due locali erano utilizzati come depositi poiché presentavano pareti prive d'intonaco e pavimentazioni realizzate con terra battuta. Difatti, nell'ambiente 14 sono state rinvenute alcune stoviglie, in parte nella prima campagna di scavo ed in parte durante le attuali ricerche. Si tratta di due coppe, un piatto e un piccolo cratere in Terra Sigillata, e una lucerna frammentaria.

Oltre questi due locali, l'intera ala nord della villa è stata quasi completamente distrutta per cui non è possibile ricostruirne neppure la planimetria. Il rinvenimento di

Fig.57 Napoli-Ponticelli: Ambiente n. 13 - Particolare dei tubuli di scolo delle acque meteoriche

alcuni frammenti di *tegulae mammatae*, di tesserine di mosaico bianche e nere e per di più di uno strigile di bronzo frammentario, indurrebbe a ipotizzare che una sua parte fosse occupata dal *balneum* della villa.

L'ERUZIONE DEL 79 D.C.
DEPOSITI ERUTTIVI E DINAMICA DEL SEPPELLIMENTO

Sergio Cascella

Mauro Antonio Di Vito

Primo Ricercatore presso INGV-Sezione di Napoli "Osservatorio Vesuviano"

The eruptive sequence (fig. 59) is essentially consists of six layers. The first two are constituted by a layer of ash (us. 1) that overlay on a Pyroclastic Current Density (us. 2), of modest energy, that are deposited on the whole area without creating special damage. Later, it was laminated a powerful Pyroclastic Flow (us. 3-5), composed of at least three waves, to which is attributable the complete destruction of the site. the impact of the pyroclastic flow is evident from the walls, the pillars and columns of the portico is uprooted all slaughtered in the south-west and the collapse of the roof tiles and wooden beams which show extensive signs of burning and charring. In addition to this event is due to the death of the victim of this disaster that we have found in the local inspection of the press. Closed sequence eruptive boiling a mudslide (us. 6) that has left a layer of about 40-50 cm, made from thin strips of ash that sealed completely the archaeological site.

La villa di *C. Olius Ampliatus*, per ovvie ragioni di ubicazione geografica, fu certamente esposta agli effetti dei due famosi terremoti che nel 62 d.C. e 64 d.C. colpirono la Campania. Purtroppo, la scarsa altezza alla quale si sono conservati i muri (mediamente 1,50 m), non ci consente di apprezzare l'entità degli eventuali danni arrecati da questi due eventi.

Per quanto, invece, riguarda il periodo immediatamente precedente il 79 d.C., il rinvenimento nell'ambiente 5 di due balle di tegole pronte per essere utilizzate, forse per qualche riparazione al manto di copertura del tetto, induce a credere che la villa, essendo posta a soli 7 km dal cratere attuale del vulcano, sia stata investita da tutti quei fenomeni precursori di una grande eruzione esplosiva, primi fra tutti i terremoti[1].

Facendo un passo in avanti e arrivando al giorno dell'eruzione, lo scavo di questo sito ha permesso una ricostruzione approssimativa della sequenza degli eventi che nel 79 d.C. colpirono questo versante del vulcano (fig. 63)[2].

Us.1 - Cenere

Dione Cassio[3], riferendo fonti diverse da Plinio, descrive nel II sec. d.C. l'inizio dell'eruzione, narrando di boati che lanciarono sulla cima del monte blocchi di pietra incandescente, nonché una densa nube di cenere.

È, dunque, credibile che nelle prime ore del mattino del 24 ottobre del 79 d.C.[4] questi fenomeni abbiano segnato l'apertura freatomagmatica del condotto eruttivo con l'emissione di una gran quantità di cenere fine che si depositò per caduta sulle pendici del vulcano, fino agli Appennini.

Questo livello di cenere, che è presente alla base di molte delle sequenze dei prodotti di quest'eruzione, con spessori generalmente modesti, dell'ordine di pochi centimetri, è stato rilevato anche a Ponticelli, dove costituisce il primo strato eruttivo a contatto col paleosuolo del 79 d.C.

Questa cenere, che si presenta come una coltre densa e compatta grigio-biancastra, cadde su tutte le aree scoperte della villa (fig. 58) e sulla campagna circostante, con uno spessore compreso tra i 5-10 cm (fig. 59.1; 60) mentre, all'interno degli ambienti, essa si ritrova solo nelle parti prossime agli ingressi.

Il modesto spessore di questa coltre di cenere che si posò sul suolo, già fredda, come pure il suo meccanismo di deposizione, non determinarono danni alle strutture e probabilmente permisero l'allontanamento di parte degli abitanti (GURIOLI *et alii* 2005. 144 ss.).

L'eruzione continuò con la formazione di un'alta colonna eruttiva di tipo pliniano che raggiunse un'altezza di circa 23 km e che determinò verso sud-est l'accumulo di uno spesso manto di lapilli pomicei, prima bianchi e poi grigi, in relazione alla diversa composizione chimica del magma

---

[1] Non vi sono dubbi che una serie di terremoti locali ha colpito tutta l'area vesuviana negli anni e nei mesi precedenti l'eruzione, cfr. VARONE 1989.236 ss.; DE' SPAGNOLIS CONTICELLO 1995.93 ss.; CIONI *et alii* 2000.719 ss.

[2] Sulle eruzioni vesuviane in genere e su quella del 79 d.C. cfr. BARBERI 1980.43 ss.; 107 ss.; CORNELL, SIGURDSSON 1987.434; DELIBRIAS 1979.411 ss.; ROSI, SANTACROCE, 1983.271; SANTACROCE 1983.237 ss.; SCHERILLO 1979; SIDGURSSON 1985.332 ss.; GURIOLI *et alii* 2005.144 ss.

[3] D. CASSIO, *Hist.Rom.* LXVI, 23. 2-4.

[4] Per la data dell'eruzione cfr. CIARALLO 1998.63 ss.

Fig.58 Napoli-Ponticelli: Sezione stratigrafica - Veduta d'insieme

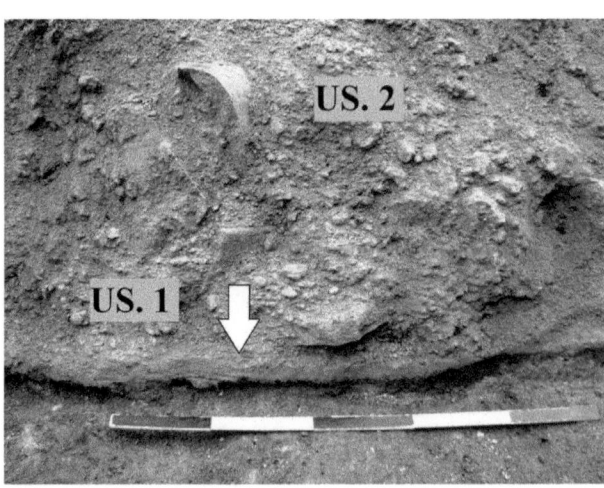

Fig.60 Napoli-Ponticelli: Sezione stratigrafica - Particolare dell'Us. 1 e 2

Fig.59 Napoli-Ponticelli: Sezione stratigrafica - Particolare

emesso. In particolare, nell'area di Pompei, questa prima fase depositò pomici bianche per circa sette ore.

Diversamente, in tutto il settore occidentale e settentrionale del vulcano, questi depositi non sono visibili. Ciò è evidente anche nell'area della villa di Ponticelli, lontana dall'area di dispersione di questo deposito da caduta.

Us. 2 Primo flusso piroclastico *(Pyroclastic density current)*

Dopo circa sette-otto ore dall'inizio dell'eruzione, avvenne il primo episodio di collasso della colonna eruttiva che generò flussi piroclastici ad alta temperatura che raggiunsero Ercolano intorno alle ore venti e causarono la morte di tutti gli abitanti.

A Ponticelli questa fase è documentata da un deposito di lapilli grigi subcentimetrici e centimetrici che copre lo strato di ceneri fini (us.1) già descritto. Si tratta di lapilli molto arrotondati, deposti in una matrice di cenere fine (us. 2) che, tranne in alcuni punti, è stratificata in maniera caotica. Il fatto che questo deposito contenga radi pezzetti di legno carbonizzato e piccoli frammenti di materiale edilizio, unito alla sua elevata variabilità di spessore, specialmente nelle aree depresse e in prossimità delle strutture, conferma la correlazione tra questo deposito da flusso piroclastico e quello che raggiunse e distrusse Ercolano.

Tale livello (fig. 59.2) è presente su tutta l'area (spess. 15-20 cm) circostante la villa mentre, negli ambienti, esso è meno evidente poiché è mescolato alla parte basale dello strato di crollo delle strutture. Ciò rende plausibile che, nonostante l'alta temperatura e il meccanismo deposizionale, la relativa bassa energia della sua messa in posto, non causò grossi danni alle strutture.

Us.3-5 Secondo flusso piroclastico (*Pyroclastic dentity current*)

In seguito, nell'area si stratificarono almeno tre unità di flusso piroclastico (spessore variabile tra 80 cm e 1 m). Quella più bassa (us. 3) è formata da lapilli bianchi e grigi (fig. 58; 59.3-4; 61) centimetrici, immersi in una matrice cineritica grigiastra che diventa prevalente nella parte superiore (us. 4). L'unità più alta della sequenza, invece, è costituita quasi esclusivamente da cenere fine (us. 5), di colore biancastro, che contiene grossi vacuoli.

Questi depositi concernono il collasso di una colonna eruttiva che, formatasi in seguito alla fase parossistica dell'eruzione, aveva raggiunto la sua quota più alta, pari a circa 32 km sopra il vulcano. La colonna eruttiva collassando, generò una nube ardente ad almeno 400°-500° che, con ondate successive, investì tutto il settore sud-est del golfo di Napoli mettendo in posto circa 2,5 km^3 di materiale piroclastico.

Fig.61 Napoli-Ponticelli: Sezione stratigrafica - Particolare dell'Us. 3

Il deposito è chiaramente distinguibile nel territorio circostante la villa mentre, all'interno degli ambienti, la sequenza descritta è meno riconoscibile poiché è mescolata ai crolli delle strutture.

L'elevato potere distruttivo di questi flussi sulla villa di Ponticelli è testimoniato dal fatto che essi sono sempre associati agli strati di distruzione. Le estreme condizioni di stress termico e di elevata pressione dinamica che l'impatto di questi materiali esercitò sulle strutture, è testimoniato dalla presenza sulle murature poste trasversalmente alla direzione del flusso, di lesioni latitudinali nel punto di contatto tra la base dei muri e le relative pavimentazioni.

L'impatto distaccò intere pareti o grosse porzioni di esse, per poi abbatterle e trascinarle verso sud-ovest (fig. 62). Ciò è particolarmente evidente sia nei crolli delle colonne del peristilio, che dei pilastri del portico dell'ambiente 17, tutti riversi nella stessa direzione (fig. 63-64).

Fig.62 Napoli-Ponticelli: Ambiente n. 32 - Particolare del crollo

Inoltre, le coperture che, a differenza dell'area pompeiana, non erano sostenute dalla precedente messa in posto di un potente strato di pomici bianche, durante il crollo, franarono disordinatamente, accumulando grandi quantità di tegole e coppi frantumati che furono in parte trascinati anche per molti metri.

Per di più, l'alta temperatura del flusso piroclastico è testimoniata dal rinvenimento di tegole e coppi quasi completamente bruciati (fig. 65), da grossi frammenti delle capriate lignee dei tetti carbonizzate, come nel caso della piattabanda dell'ingresso all'ambiente 18 (fig. 66-67).

Inoltre, questo flusso fu anche responsabile della morte dell'unico abitante della villa che scelse di restare sino all'ultimo momento rifugiandosi all'interno del sotterraneo del torchio (n. 38). Infatti, come ha dimostrato l'esame paleoantropologico, i resti ossei mostrano le stesse

Fig.63 Napoli-Ponticelli: Peristilio - Particolare del crollo di una delle colonne

Fig.64 Napoli-Ponticelli: Ambiente n. 17 - Crollo di uno dei pilastri

Fig.67 Napoli-Ponticelli: Ambiente n. 18 - Ingresso, particolare della piattabanda carbonizzata

Fig.65 Napoli-Ponticelli: Peristilio - Strato di crollo del tetto

Fig.68 Napoli-Ponticelli: Sezione stratigrafica - Particolare dell'Us. 5

caratteristiche riscontrate sui corpi trovati nella marina di Ercolano. Il nostro fuggiasco fu in sostanza vaporizzato dal calore del flusso che produsse sulle ossa i caratteristici segni dei corpi carbonizzati.

Us.6 Depositi della fase freatomagmatica (Pyroclastic surges)

La successione eruttiva nell'area si chiude con uno strato (us. 6) a forte laminazione composto di cenere fine (fig. 58.5; 68), spesso tra i 30 e 50 cm., che ha coperto l'intero sito. La deposizione di questo strato di cenere è legata allo

Fig.66 Napoli-Ponticelli: Ambiente n. 18 - Ingresso, piattabanda carbonizzata

scorrimento di una o più correnti piroclastiche, diluite e turbolente, relative alla fase finale dell'eruzione[5].

Tale deposito, che ebbe anch'esso effetti distruttivi, si distese su tutta l'area coprendo il sito come un sudario.

---

[5] Tale materiale fu prodotto durante il cedimento della camera magmatica che produsse un collasso calderico e favorì l'intrusione nel condotto di grandi quantità di acqua di falda e marina. Ciò generò forti esplosioni freatomagmatiche che produssero nubi turbolente a bassa concentrazione di particelle, composte di gas e cenere, che scivolarono al suolo con elevata velocità distribuendosi fino a circa 10-15 km dal vulcano.

IL RITROVAMENTO DELLA VITTIMA DELL'ERUZIONE

Sergio Cascella, Giuseppe Vecchio

In addition to Pompeii and Herculaneum, some of the victims of the eruption were discovered in rural settlements surrounding these cities, ever, though, so far north and in an area so close to Neapolis. The victim was found inside the subterranean n. 38 and specifically in the hallway to the right of the entrance (fig. 41). The bones were immersed in the eruptive layer (US. 3-5) that destroyed the house. Their position suggests that the pyroclastic flow, has swallowed the body of the fugitive (fig. 69) causing the death sudden due to thermal shock due to the very high temperature of the flow which, probably, was 500 degrees centigrade. This is evident both from the color of the bones, and the state of the discovery of the bones of the skull, which bore traces of explosion and carbonization. In essence, the victim was vaporized by the intense heat and its organic tissues have been replaced by ash that has preserved the skeleton intact for nearly 2,000 years. The discovery of bronze signaculum with the name of the owner of the farm among the objects found close to the bones suggests that the victim of the eruption is the vilicus, ie a freedman, who had the task of supervising the conduct of the farm on behalf of the owner C. Olius.

Il luogo e le condizioni del ritrovamento

Oltre che a Pompei ed Ercolano, alcune delle vittime dell'eruzione sono state scoperte proprio negli insediamenti rurali e suburbani che circondavano queste città (DE CAROLIS 2003.56 ss.) mai, però, così a settentrione e in un'area tanto vicina a *Neapolis*.

La nostra sfortunata vittima è stata rinvenuta all'interno del sotterraneo n. 38 e precisamente nel primo braccio a destra dell'ingresso (fig. 41). I resti ossei erano completamente immersi nello strato eruttivo (us. 3-5) che aveva distrutto la villa, riempendone ogni cavità. La loro posizione suggerisce che il flusso piroclastico, dopo essere entrato impetuosamente nell'ambiente, inghiottì il corpo del fuggitivo (fig. 69) procurandone la morte improvvisa a causa del violentissimo *shock* termico (PETRONE 2007.17 ss.) dovuto alla temperatura molto alta del flusso che è, probabilmente, da stimare intorno ai 500 gradi centigradi.

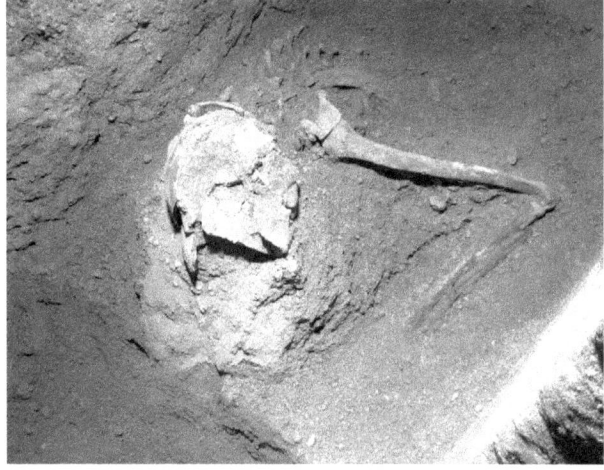

Fig. 69 Napoli-Ponticelli: Ambiente 38 - Vittima dell'eruzione

Ciò è evidente sia dalla colorazione delle ossa, che dalle fratture tipiche dei corpi inceneriti, che dallo stato di rinvenimento delle parti meno protette dal grasso come le ossa del cranio, che recavano evidenti tracce di esplosione e carbonizzazione e delle mani - *pugilistic attitude* - (fig. 70). In sostanza la vittima è stata letteralmente vaporizzata dal forte calore e i suoi tessuti sono stati sostituiti dalla cenere che ha conservato lo scheletro intatto per quasi duemila anni.

Poco prima di morire, la posizione dell'individuo era quella rannicchiata sul fondo del corridoio. In seguito, vista la posizione dei resti ossei, è probabile che si sia abbattuto su un fianco nel tentativo di appoggiarsi sul braccio destro e di sollevare la testa (*life like position*) mentre veniva sepolto vivo.

Chi era la vittima?

È probabile che l'estrema vicinanza al centro eruttivo e la

Fig. 70 Napoli-Ponticelli: Ambiente 38 - Vittima dell'eruzione, particolare della mano destra

violenza dei fenomeni vulcanici avessero indotto da subito la fuga di quanti abitavano nella villa. Ciò non valse per la nostra vittima che verosimilmente scelse di restare. I risultati preliminari dell'esame antropologico (vedi *infra*) e il ritrovamento del *signaculum* bronzeo con il nome del proprietario della fattoria tra gli oggetti che egli scelse di portare con sé, potrebbero suggerire un'ipotesi plausibile circa le ragioni di questa scelta.

Proprio la presenza del *signaculum* è, infatti, uno degli indizi che ci spingono a identificare la nostra vittima con il *vilicus* di *C. Olius Ampliatus*. Si potrebbe trattare, insomma dell'anomimo liberto di *C. Olius* che aveva la responsabilità della conduzione della fattoria, poiché era detentore e responsabile del sigillo, altrimenti non si spiega perché tra i tanti oggetti che poteva portare con sé abbia scelto proprio questo.

Naturalmente, di là delle nostre elucubrazioni, le vere ragioni che spinsero questa persona a non fuggire rappresentano un mistero che difficilmente potremo spiegare.

Il percorso seguito verso l'ultimo rifugio.

Lo scenario apocalittico che si dispiegò davanti agli occhi del fuggiasco durante le sue ultime ore di vita doveva essere talmente angoscioso e drammatico da incutere una sensazione di terrore per noi difficilmente immaginabile.

Non siamo in grado di sapere, dove questa persona abbia trascorso le 8-10 ore che separarono l'inizio della fase eruttiva da quella in cui egli trovò la morte, né se in un primo momento si sia allontanato e poi sia ritornato su i sui passi.

In ogni caso, dopo circa otto ore dall'inizio dell'eruzione la situazione oramai volgeva al peggio e il fuggiasco, rendendosi conto che un'eventuale fuga all'aperto avrebbe significato morire certamente poiché, la densa coltre di cenere impediva la respirazione e l'oscurità aveva reso la visibilità quasi nulla, gli dové sembrar chiaro che l'unica via di scampo era di rifugiarsi nel sotterraneo posto sotto il torchio.

Questa decisione fu presa probabilmente in uno degli ambienti prospicienti il peristilio poiché il fuggitivo, camminando probabilmente sui calcinacci del portico, già in parte crollato, raccolse una pesante tegola collicia del tetto, servendosene come uno scudo per proteggersi dai violentissimi colpi che i sassi incandescenti infliggevano sul suo corpo, e iniziò una precipitosa fuga.

È probabile che abbia percorso l'ingresso 10, oltrepassando il portone per poi volgere a destra, correndo alla cieca lungo il corridoio 9, discendendolo tutto sino all'anticamera 23, entrandovi ed abbandonando sia la tegola, che un sacchetto con una parte di oggetti, sull'ingresso (fig. 40).

Una volta all'interno, il nostro individuo si addentrò nel corridoio 38 e si nascose nell'angusto braccio orientale, subito a destra dell'ingresso, sostandovi per un tempo che non siamo in grado di quantizzare prima di essere ucciso dalla nube ardente.

L'INDIVIDUO MORTO DURANTE L'ERUZIONE:
EVIDENZE TAFONOMICHE E STUDIO PALEOBIOLOGICO PRELIMINARE

Luciano Fattore

Antropologo Fisico
fattore@arcabbcc.it, luciano.fattore@gmail.com

The observation of taphonomic evidence makes it obvious similarities with the skeletal findings of Herculaneum. Similarly to what happens for the inhabitants of Herculaneum, the individual does not show attitudes that recall the agony of suffocation. In essence, the death surprised him awake. The mandible, largely toothless, is broken at the symphysis, while the hands and feet show the typical contractions, due to high temperatures. It is an adult male about fifty years old, approximately 168.8 cm high. The post-cranial skeleton is suffering from different injuries and joint diseases such as arthrosis and extensive traces of the fracture of a rib on the right. Always to the left, the collarbone is hit by the sternal epiphysis arthritis enthesitis shows a strong deltoid muscle (which indicates its frequent and intense work). In short, the skeleton shows signs of intense and strenuous work activities that appear to be compatible with the hypothesis that it may be vilicus of the villa.

L'eruzione del Vesuvio del 79 d.C. è indissolubilmente legata alle città di Pompei ed Ercolano e alle persone che all'interno di queste furono raggiunte dal letale cataclisma.

Il rinvenimento di un individuo, morto durante l'eruzione, all'interno della villa di Ponticelli mostra, com'era plausibile ipotizzare, che i flussi piroclastici ebbero effetti letali, pur se meno devastanti, anche a nord del cratere oltre a quelli ben noti a sud-ovest.

L'osservazione delle evidenze tafonomiche rende evidenti le similitudini con i rinvenimenti scheletrici di Ercolano piuttosto che con quelli di Pompei.

Il contesto del ritrovamento ha evidenziato un individuo isolato, l'unico rinvenuto all'interno dell'area di scavo. Da un lato i diversi oggetti di uso comune e di valore fanno pensare a una persona che ricopriva un ruolo non marginale; d'altra parte le importanti e diffuse patologie degenerative articolari (accompagnate all'età avanzata) indicano che questo individuo aveva, in vita, svolto molte attività usuranti.

A causa delle anguste dimensioni dell'ambiente e della postura dell'individuo è sorta la necessità di compiere lo scavo per piani verticali, piuttosto che orizzontali.

Per avere un record completo con una rappresentazione d'insieme delle evidenze, data la particolarità del ritrovamento (il rinvenimento di una vittima di un'antica eruzione è un episodio molto raro), si è scelto di portare alla luce porzioni di scheletro e poi rimuoverle previa ripresa mediante laser scanner. In questo modo alla fine dello scavo è stato possibile ricostruire il 3d dell'individuo inserito nell'ambiente in cui si era rifugiato (fig. 71).

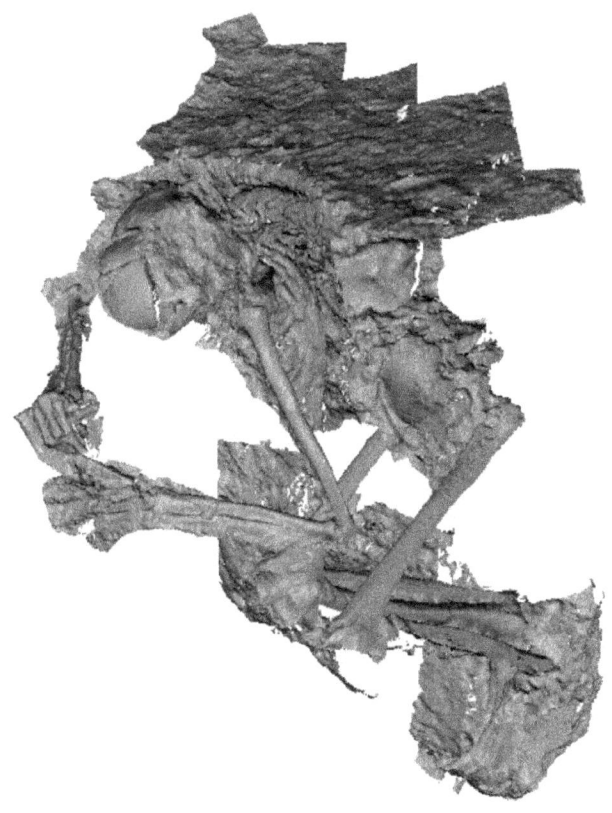

Fig.71 Napoli-Ponticelli: Ambiente 38 - Vittima dell'eruzione, laser scanner in 3d

Se si esclude il cranio, la cui integrità era già compromessa all'atto della scoperta, lo scheletro è in discrete condizioni di conservazione.

Similmente a quanto accade per gli abitanti di Ercolano (MASTROLORENZO *et alii* 2001.410; 769 ss.), l'individuo non mostra atteggiamenti che ricordano l'agonia per soffocamento, come invece avviene, in alcuni casi, a Pompei. L'atteggiamento è di una persona che, accasciata, cerca di sollevarsi facendo forza sulle braccia. Il braccio sinistro, steso davanti al corpo, è leggermente flesso con le mani davanti ma non a contatto con il viso. Il braccio destro è verticale e il gomito fa forza al suolo, così come il polso della mano destra aperta; le metacarpali, le falangi e le falangine sono poggiate sul substrato, ma almeno due falangette sono infisse verticalmente nella cenere. La morte l'ha sorpreso da sveglio, infatti, il disgraziato cercava di rialzarsi o di non cadere (fig. 72).

Il corpo sembra galleggiare a qualche centimetro da quello che era il fondo dell'ambiente. La testa, le spalle, il torace e anche il bacino sono sospesi a mezz'aria, bloccati alle rispettive quote dalla massa di cenere e pomici. Proprio la presenza delle pomici, però, ha conferito un certo grado d'incoerenza alla massa inglobante che altrimenti sarebbe stata così compatta da bloccare completamente anche le articolazioni più piccole e delicate (fig. 73).

Le disconnessioni verificate possono essere ricondotte a questa incoerenza e al disfacimento del pacco addominale: la mandibola, in gran parte edentula e spezzata alla sinfisi, è disconnessa dalle articolazioni temporali.

La colonna vertebrale, originariamente in torsione a causa della posizione, è disconnessa nella porzione cervicale (le prime due vertebre cervicali, oltre ad essere dislocate, rispetto all'occipitale, si mostrano reciprocamente le rispettive superfici distali) ma soprattutto in corrispondenza di quella toraco-lombare e sacrale, a causa del volume lasciato libero dalla decomposizione dell'addome.

Mani e piedi mostrano le tipiche contrazioni, dovute alle alte temperature (fig. 74).

Definire la paleobiologia di un singolo individuo isolato dal proprio contesto di appartenenza è quasi sempre un'operazione rischiosa dal punto di vista scientifico. Alcuni aspetti vanno, infatti, necessariamente considerati nell'ambito dell'insieme di una popolazione; fornire dati sull'altezza, o sull'età così come fare valutazioni sulle patologie o sulla dieta di un singolo individuo significa semplicemente divulgare informazioni su quel singolo individuo e non si deve essere indotti ad estendere alla popolazione le considerazioni fatte sull'individuo. Questo è ancora più vero nel caso in cui non si hanno informazioni certe sulla popolazione di riferimento. O ancora quando questa popolazione non è ben definita a causa delle sue caratteristiche di eterogeneità dovuta a differenze etniche e/o di classe sociale all'interno di essa.

Questo potrebbe essere proprio il caso della popolazione riguardante un insediamento rurale romano di età imperiale. Quello rinvenuto a Ponticelli potrebbe essere un individuo ascrivibile alla classe degli schiavi rurali. In primo luogo è stato rinvenuto, da solo, all'interno di un ambiente di

Fig.72 Napoli-Ponticelli: Ambiente 38 - Vittima dell'eruzione, particolare dei resti ossei. È evidente la postura di una persona cosciente.

Fig.73 Napoli-Ponticelli: Ambiente 38 - Vittima dell'eruzione, particolare dello sterno non sostenuto dal substrato

Fig.74 Napoli-Ponticelli: Ambiente 38 - Vittima dell'eruzione, particolare dell'estensione delle falangi e la contrazione delle falangette del piede sinistro

servizio di una villa di produzione; inoltre il suo scheletro reca i segni d'intense e usuranti attività lavorative. D'altra parte è risaputo che la condizione di schiavo, a Roma, era aperta in uscita. Comunissimi erano i casi di schiavi che, per le loro capacità operative o affettive, divenivano liberi e in alcuni casi gestivano le attività dei padroni fino ad arricchirsi (THÉBERT 1989.145 ss.).

In quest'ottica si potrebbe leggere il sigillo del proprietario della villa rinvenuto con l'individuo oggetto dello studio e la condizione di liberto o schiavo, di responsabilità ben si sposerebbe anche con le patologie articolari rilevate.

Molto probabilmente si trattava del *vilicus* che, da schiavo, gestiva le attività del padrone nella villa. Anche se in posizione privilegiata rispetto a un normale schiavo, la sua lunga giornata da sveglio era dedicata interamente al lavoro, in nome della produttività.

Tenendo presente il contesto sociale, economico e archeologico di rinvenimento possiamo meglio valutare gli aspetti della biologia di questo individuo.

Si tratta di un maschio adulto di età superiore ai cinquanta anni. La statura stimata con il metodo di Pearson è pari a 167,2 cm mentre con quello di Trotter & Gleser (maschi neri) si perviene a una stima di 168,8 cm.

Lo scheletro post-craniale e affetto da diversi traumi e patologie articolari: una frattura ricomposta di una costola destra; la spalla sinistra è affetta da una moderata artrosi gleno-omerale e da una forte artrosi sterno-clavicolare con un principio di lussazione.

Sempre a sinistra, la clavicola è colpita da artrosi all'epifisi sternale, mostra una forte entesite del muscolo deltoide (che indica un suo frequente e intenso lavoro); la clavicola di destra è lacunosa nella porzione che ospita l'inserzione del deltoide per cui non è possibile stabilire se questa particolarità fosse bilaterale. Entrambi i gomiti mostrano osteofiti, neoformazioni ossee che si depositano in seguito a fenomeni erosivi e infiammatori cronici e che spesso si accompagnano a patologie artrosiche. Queste evidenze sono presenti sulle superfici articolari di tutte le ossa coinvolte nelle articolazioni dei gomiti.

Le articolazioni di entrambe le ginocchia hanno i bordi caratterizzati da pronunciate rime artrosiche. Questa gonartrosi, a destra è accompagnata da una leggera eburneazione dovuta al danneggiamento della cartilagine del menisco e a sinistra da un'erosione della superficie articolare della rotula.

Neanche i polsi, le mani, le caviglie e i piedi sfuggono a queste patologie degenerative, mostrando osteofitosi, eburneazione e artropatie.

Il distretto cervicale della colonna vertebrale mostra solo una lieve osteoartrosi mentre quelli toracico e lombare

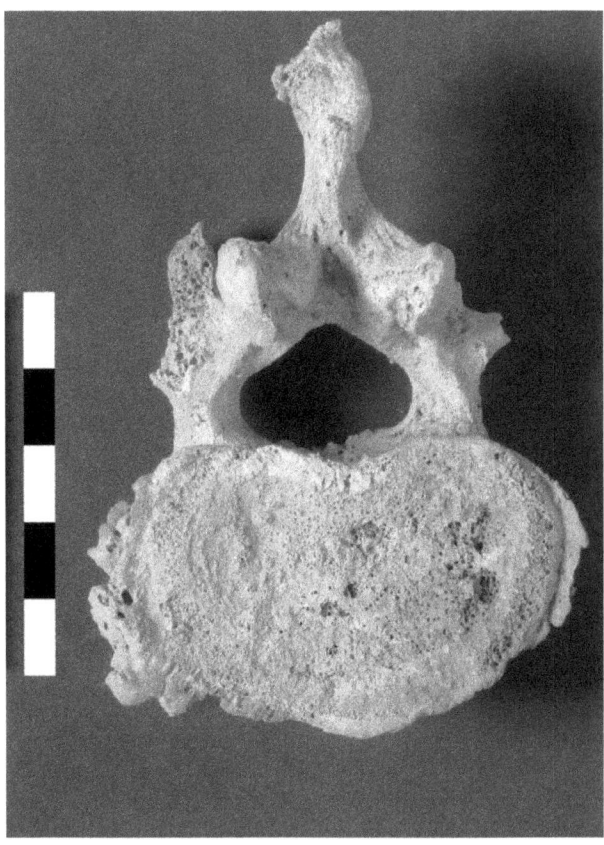

Fig. 75 Napoli-Ponticelli: Ambiente 38 - Vittima dell'eruzione, particolare della faccia inferiore della IV vertebra lombare. Sono evidenti le neoformazioni ossee lungo il margine. Al centro del corpo una probabile ernia di Schmorl.

sono molto colpiti sia a livello dei corpi vertebrali che delle zigapofisi (i processi ossei che si dipartono dai corpi). Sono state rilevate poche tracce, e poco evidenti, di ernie di Schmorl (fig. 75).

L'esame delle patologie orali si esaurisce ben presto poiché dei soli denti presenti sono visibili solo le radici. Sono ben sedici i denti persi *intra vitam* (fig. 76).

L'esposizione dell'osso a intenso calore provoca un cambiamento cromatico. Questo può essere dovuto all'esposizione diretta al calore o alla fiamma (come nel caso delle incinerazioni) oppure può derivare da residui carboniosi prodotti dalla combustione dei tessuti molli (specialmente se questa non si è completata).

I frammenti di cranio anneriti sia internamente, che esternamente, recano abbondanti residui biancastri, probabilmente organici, specialmente all'interno dei seni frontali. Le rotture del cranio presentano margini completamente bruni (fig. 77).

Anche i metacarpali e le falangi della mano sinistra recano anneriti da residui carboniosi.

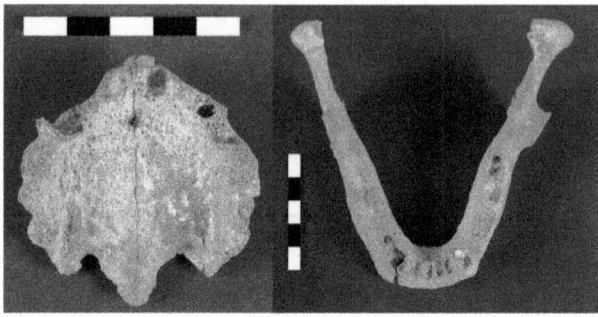

Fig.76 Napoli-Ponticelli: Ambiente 38 - Vittima dell'eruzione, particolare dei mascellari quasi completamente edentuli.

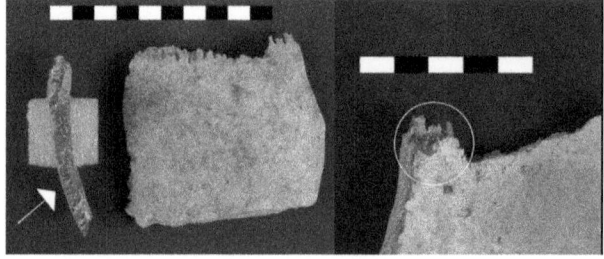

Fig.77 Napoli-Ponticelli: Ambiente 38 - Vittima dell'eruzione, particolare delle variazioni cromatiche delle ossa del cranio. A sinistra la sutura sagittale, i cui margini sono bruni. A destra la porzione anteriore interna della sutura coronale di destra, con apposizione di residui.

L'importanza di questo ritrovamento è ovvia dal punto di vista storico e archeologico; mai fino ad ora si erano rinvenute vittime dell'eruzione del '79 al di fuori dell'area strettamente vesuviana. La valenza scientifica risiede, data l'unicità numerica, principalmente nel confronto con le vittime di Pompei, Ercolano, Oplonti, e Terzigno per evidenziarne somiglianze e divergenze.

Ad esempio, per Ercolano è in corso una serie di analisi degli isotopi del carbonio e dell'azoto sul collagene degli individui recuperati tra il 1997 e il 2012, a cura di chi scrive in collaborazione con l'Università di York e la Soprintendenza al Museo Nazionale Preistorico Etnografico Luigi Pigorini di Roma.

Questi studi costituiscono lo stato dell'arte della ricerca paleonutrizionale riuscendo a superare i problemi nell'uso delle classiche tecniche degli elementi in traccia e si propongono tramite l'analisi della concentrazione dei due isotopi sopracitati di determinare, dal punto di vista qualitativo e quantitativo, la dieta dei singoli individui (FATTORE 2013).

Sarebbe utile e interessante includere l'individuo di Ponticelli nello studio per far emergere le differenze tra l'alimentazione d'individui che vivevano a stretto contatto con il mare e questo nostro che viveva, presumibilmente, nell'immediato entroterra a pochi chilometri di distanza.

Le vittime del 79 d.C. provengono da contesti abbastanza eterogenei. Pompei era una città medio-grande, Ercolano un piccolo centro residenziale mentre i ritrovamenti scheletrici della "Villa 2" e della "Villa 6" di Terzigno, della "Villa B" di Oplonti e di quella di Ponticelli sono pertinenti a centri di produzione agricola di dimensioni e importanza diverse tra di loro.

Si tratta di frammenti separati del ritratto di un'area già allora densamente e variamente utilizzata sia dal punto di vista residenziale che produttivo. Sinora lo studio dei diversi gruppi di reperti scheletrici ha seguito un andamento discontinuo. Inoltre sono stati esaminati sotto aspetti diversi, al variare degli studiosi coinvolti. Senza annullare le specificità e le inclinazioni degli antropologi, l'esigenza di compiere uno studio organico, omogeneo e complessivo della biologia umana legata all'eruzione del 79 d.C. del Somma-Vesuvio potrebbe e dovrebbe essere una priorità dato il contesto unico nel panorama archeologico mondiale.

GLI OGGETTI RINVENUTI PRESSO LA VITTIMA DELL'ERUZIONE

Sergio Cascella

This victim of the eruption of 79 AD, in his desperate attempt to escape the fury of Vesuvius, had brought along some objects enclosed in two pouches. The first, who was abandoned at the entrance of the subterranean no. 38, contained a knife, a dagger, a ring and two bronze bracelets in the form of body of a snake with two heads faced. The second bag, instead, was found upon the victim and contained six coins, two sesterces of Vespasian, an axis of Titus, two axes of Tiberius and an axis completely unreadable. In addition, on the left hand of the fugitive there was a silver ring with a carnelian decorated with a winged Nike.

Come spesso è accaduto in altri siti archeologici sepolti durante la catastrofe del 79 d.C., pure questa vittima, durante la fuga, portò con sé una serie di oggetti riposti in due sacchetti diversi.

Gruppo 1

Il primo gruppo consiste in sette reperti trovati presso l'ingresso del sotterraneo n. 38, a circa 1 m di distanza dai resti ossei del fuggitivo. È, dunque, molto probabile che questi oggetti siano stati abbandonati dal fuggiasco nel momento in cui è entrato nel seminterrato.

I reperti, che giacevano sulla pavimentazione accatastati l'uno sopra all'altro, si trovavano immersi in un banco di cinerite che aveva assunto un colore marrone. Si tratta quasi sicuramente di una chiazza di origine organica, molto probabilmente ciò che restava di un sacchetto, forse di cuoio, in cui questi reperti erano riposti. A questa "borsa" è certamente da ricondurre la fibbia di bronzo trovata tra gli altri oggetti e che doveva essere utilizzata per chiudere la sacca.

1. Fibbia

Fibbia di bronzo (RUEGG 2011.157, n. 129-131; 352; STEFANI 2002.103), integra, con rocchetto in buone condizioni di conservazione (largh. 3 cm; spess. 5-6 mm). Superficie decorata con puntinatura (fig. 78.1).

2. Coltello

Coltello di ferro (Lung. 23 cm; largh. 4 cm; spess. 6 mm.) con resti dell'immanicatura di legno discretamente conservata. La superficie della lama è molto ossidata (fig. 78.2).

3. Pugnale

Pugnale di ferro, privo di fodero (lungh. 38 cm ca. largh. 7 cm). L'impugnatura doveva forse essere rivestita con placchette di osso o legno che non sono state ritrovate; la superficie della lama, che ha una forma lanceolata, è molto corrosa e spaccata in tre parti ed è lacunosa della punta, che non è stata trovata (fig. 79).

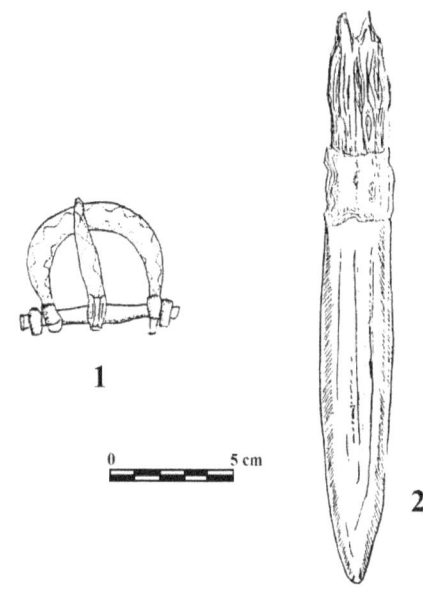

Fig. 78 Napoli-Ponticelli: Ambiente 38 - Vittima dell'eruzione, particolare degli oggetti del Gruppo 1

Fig. 79 Napoli-Ponticelli: Ambiente 38 - Vittima dell'eruzione, oggetti del Gruppo 1: pugnale

4. Anello

Anello di bronzo (diam. 1,8 cm), integro, a verga chiusa che si allarga in corrispondenza del castone che è di forma ovale, appiattita e privo di decorazione (fig. 80).

5. Armilla

Armilla di bronzo, integra, (diam. 7,5 cm) a corpo di serpente. Il bracciale è costituito da una verga piena a sezione circolare (fig. 81), raffigurante un serpente a due teste affrontate (fig. 82). In prossimità delle teste è resa la pelle squamata. Gli occhi, oggi cavi, dovevano essere riempiti forse con due grani di pasta vitrea.

6. Armilla

Armilla di bronzo, integra, (diam. 8 cm) a corpo di serpente. Il bracciale, costituito da una verga piena a sezione circolare, di minore spessore e peso rispetto all'esemplare precedente, raffigura un serpente a due teste affrontate. Gli occhi sono riempiti con due grani di pasta vitrea verde (fig. 83).

Questo tipo di bracciali, realizzati sia in bronzo, che in oro, erano prevalentemente appannaggio delle donne, ma non mancano esemplari riconducibili a soggetti maschili. Si tratta di un tipo di monile molto diffuso in questo periodo anche per il valore apotropaico e isiaco dato proprio dal corpo del rettile (D'AMBROSIO 2001.967 e ss; D'AMBROSIO 2003.50, note 37-38.).

7. Signaculum

Anello sigillo in bronzo, integro, (diam. 2,5 cm; placchetta: lungh. 6 cm; largh. 2,2 cm). L'anello si compone di due parti di cui una è conformata ad anello, con castone decorato con un caduceo[1] (fig. 84) mentre, la seconda è modellata in forma di cartiglio rettangolare (fig. 85), con cornice sagomata, al cui interno è l'iscrizione retrograda e a lettere rilevate: C. OLI AMPL(*iati*), con la M, la P e la L in nesso.

Gruppo 2

Il secondo gruppo è, invece, apparso durante lo scavo dei resti ossei del fuggitivo. Pertanto, si tratta di reperti che la vittima dell'eruzione aveva ancora indosso nel momento della morte.

All'anulare della mano sinistra è stato trovato un anello (fig. 86) mentre, lungo la spalla e il fianco sinistro, il soggetto aveva una tracolla costituita da un *sacculus* e dalla relativa cinghia in cuoio, di cui si è osservata l'impronta del solito colore marrone e la fibbia di ferro adoperata per serrare la sacca.

Fig.80 Napoli-Ponticelli: Ambiente 38 - Vittima dell'eruzione, oggetti del Gruppo 1: anello

Fig.81 Napoli-Ponticelli: Ambiente 38 - Vittima dell'eruzione, oggetti del Gruppo 1: armilla

Fig.82 Napoli-Ponticelli: Ambiente 38 - Vittima dell'eruzione, oggetti del Gruppo 1: armilla - particolare

---

[1] Si tratta di una decorazione molto comune che compare in altri sigilli prevenienti da Pompei, cfr. Cil. X 8058-49, 66, 72, 82, 83.

Fig.83 Napoli-Ponticelli: Ambiente 38 - Vittima dell'eruzione, oggetti del Gruppo 1: armilla n. 6

Fig.86 Napoli-Ponticelli: Ambiente 38 - Vittima dell'eruzione, oggetti del Gruppo 2: particolare della mano sinistra

Fig.84 Napoli-Ponticelli: Ambiente 38 - Vittima dell'eruzione, oggetti del Gruppo 1: signaculum - particolare del castone

Fig.87 Napoli-Ponticelli: Ambiente 38 - Vittima dell'eruzione, oggetti del Gruppo 2: Anello n. 8

Fig.85 Napoli-Ponticelli: Ambiente 38 - Vittima dell'eruzione, oggetti del Gruppo 1: signaculum – particolare del sigillo

8. Anello

Anello (fig. 87) a verga cava in argento (diam. 1,9 cm). Il castone è composto di una corniola lenticolare circolare, di colore bruno-giallino, con una decorazione incisa (fig. 88) costituita da due figure: quella a destra è chiaramente identificabile con una *nike* alata, resa di profilo, nell'atto di porgere una corona alla seconda figura che è posta a sinistra. Questa, poco distinguibile, è appoggiata a un oggetto che molto dubitosamente potremmo identificare con un timone (*Tyche-Fortuna*), in ogni caso la sua disposizione ricorda molto quella presente in altre corniole recuperate nell'area vesuviana (D'AMBROSIO, De CAROLIS 1997, tav.XXXII, gemma 337).

All'interno del suddetto sacchetto si sono rinvenute sei

Fig.88 Napoli-Ponticelli: Ambiente 38 - Vittima dell'eruzione, oggetti del Gruppo 2: Particolare dell'anello n. 8.

Fig.89 Napoli-Ponticelli: Ambiente 38 - Vittima dell'eruzione, oggetti del Gruppo 2: Gruzzolo di monete

monete di bronzo[2] legate tra loro per il forte calore (fig. 89). Si tratta di due sesterzi di Vespasiano, databili al 71 d.C., di un asse di Tito Cesare, molto raro, del 72 d.C. e di tre assi di bronzo, abbastanza consunti, di cui due, databili al 36 d.C., sono attribuibili a Tiberio ed il terzo, completamente illeggibile, è databile genericamente al periodo giulio-claudio.

9. Sesterzio

Bronzo (diam. 33 mm; gr. 23).

D/ IMP. CAES. VESPASIAN. AVG. PM. TR. P. P.P. COS III; testa di Vespasiano laureata a destra.

[2] Per un inquadramento generale sulla circolazione monetale nell'area vesuviana, cfr. GIOVE 2003.26 ss.

R/ PAX AVGVSTI; figura femminile (*pax*), panneggiata con cornucopia nella destra (RIC. II 1926.68, n.437). In esergo SC.

Anno 71 d.C. (fig. 90).

10. Sesterzio

Bronzo (diam. 33 mm; gr. 21).

D/ IMP. CAES. VESPASIAN. AVG. PM. TR. P. P.P. COS III; testa di Vespasiano laureata a destra.

R/ figura femminile (Roma) stante, con paludamento che scende dalla spalla destra, cimiero e lancia nella mano destra mentre, nella sinistra, regge una *nike* (MATTINGLY 1908.69, n.443). In esergo SC.

Anno 71 d.C. (fig. 91).

11. Asse

Bronzo (diam. 28 mm; gr. 10).

D/ T.CAESAR.VESPASIAN.IMP.IIII.PON.TR.POT. III. COS.II; testa di Tito laureata a destra.

R/ FIDES PVBLICA; due mani incrociate davanti a una figura poco leggibile, ma forse identificabile con il caduceo tra due spighe di grano (CARRADICE, BUTTREY, II, 2007, n. 571; COHEN 1880-1892.436). In esergo SC.

Anno 72 d.C. (fig. 92).

12. Asse

Bronzo (diam. 29 mm; gr. 13).

D/TI.CAESAR.DIVI.AVG.F.(August. Imp.)VIII; testa laureata di Tiberio a sinistra.

R/ PONTIF. MAX. (tribun. potest. XXXVII); figura centrale quasi totalmente evanida, ma ciò che resta potrebbe essere interpretato come il coduceo alato (RIC. II 1926.98. COHEN 1880-1892.192, n. 22. In esergo SC.

Anno 36 d.C. zecca di Roma (fig. 93).

13. Asse

Bronzo (diam. 29 mm; gr. 12).

D/(Ti.Caesar.D)IVI. AVG. F. AVG(ust. Imp.) […]; testa laureata di Tiberio a sinistra.

R/ PONTIF. MAX. TR(ibun. pote)ST. XXXVII; figura centrale quasi completamente evanida, ma ciò che resta potrebbe essere interpretato come il coduceo alato. In esergo SC.

Fig.90 Napoli-Ponticelli: Ambiente 38 - Vittima dell'eruzione, oggetti del Gruppo 2: Sesterzio di Vespasiano n. 9

Fig.93 Napoli-Ponticelli: Ambiente 38 - Vittima dell'eruzione, oggetti del Gruppo 2: Asse di Tiberio n. 12

Fig.91 Napoli-Ponticelli: Ambiente 38 - Vittima dell'eruzione, oggetti del Gruppo 2: Sesterzio di Vespasiano n. 10

Fig.94 Napoli-Ponticelli: Ambiente 38 - Vittima dell'eruzione, oggetti del Gruppo 2: Fibbia

Anno 36 d.C. zecca di Roma.

14. Asse

Bronzo (diam. 28 mm; gr. 11).

D/illeggibile; testa d'imperatore a sinistra.

R/ SC; illeggibile

15. Fibbia

Fibbia di ferro[3], integra, con rocchetto (largh. 3,5 cm; spess. 6 mm). (fig. 94).

Fig.92 Napoli-Ponticelli: Ambiente 38 - Vittima dell'eruzione, oggetti del Gruppo 2: Asse di Vespasiano n.11

---

[3] Cfr. nota 60.

IL SIGNACULUM DI *C. OLIUS AMPLIATUS* E LA PROPRIETÀ DELLA VILLA

Sergio Cascella

Fortunately of the signacula anuli found in cities and in the villas arranged on the slopes of Vesuvius, we know precisely the places of discovery that are always made up of villas, town houses or shops. Scholars argue much on the use and on the legal value of these seals. Opinions are basically two: some think that these seals are the sign of the business of those who used them and they were used to validate documents and objects of his property. Other scholars, however, they think that the names mentioned on the seals are also those of the owners of the places where they were found. We are inclined to the latter view, believing that the name C. Olius Ampliatus also mentioned is that of the last owner of the villa we are studying. From the point of view of the prosopographical the Gens Olia is a native of Piceno and was introduced in Campania with the founding of the colony of Pompeii commissioned by Sulla in 80 BC In Pompeii, some members of this family became judges including Olius Primus, in the year 56 AD, it became part of the college of Ministri Fortunae Augustae. The Olii are also attested in Herculaneum, where C. Olius Onesimus appears in the inscriptions that were displayed on the walls of the Basilica Noniana the hole in the city.

Il *signaculum* di bronzo trovato presso la vittima dell'eruzione rientra nella categoria dei *signacula anuli*. La maggior parte di questi oggetti è decontestualizzato poiché appartiene a collezioni antiquarie (BUONOCORE 1984.158 ss.) formatesi riunendo manufatti provenienti da scavi non controllati. Fortunatamente, nei siti distrutti dal Vesuvio, conosciamo precisamente i luoghi di ritrovamento che sono costituiti sempre da strutture abitative o botteghe[1].

Molto si discute sull'effettivo uso e sul valore giuridico di questi *signacula* (CLAVEL-LÉVÊQUE *et alii* 1997.17; DOLLFUS 1967.117 ss.; FEUGÈRE, MAUNÉ 2005-2006.437 ss). Nello specifico le opinioni spaziano tra chi ritiene, in base al genitivo di possesso con cui è espresso il nome, che questi sigilli siano solo il segno dell'attività "imprenditoriale" di chi li utilizzava per convalidare documenti e oggetti di sua proprietà. Altri studiosi, invece, ravvisano che i nomi citati sui sigilli siano anche quelli dei proprietari dei luoghi ove essi sono stati rinvenuti.

Noi propendiamo per quest'ultima opinione, ritenendo verosimilmente che il *C. Olius Ampliatus* citato nel sigillo sia anche l'ultimo proprietario della villa di Ponticelli.

Dal punto di vista prosopografico la *Gens Olia* è presente in Campania a Pompei ed Ercolano. Castren (CASTREN 1975.199) ritiene che questa famiglia, originaria del Piceno[2], sia stata introdotta nell'area vesuviana probabilmente con la deduzione della colonia pompeiana voluta da Silla (80 a.C.).

A Pompei, nel periodo tardo repubblicano sono attestati alcuni membri di questa *gens* che assursero al duovirato mentre, in età giulio-claudia, un *Olius Primus*, di cui è stata riconosciuta la casa (DELLA CORTE 1954.421; BRAGANTINI 1981.644: KOCKEL 1983.84; ESCHEBACH *et alii* 1993.167; MOURITSEN 1988.202)[3], nell'anno 56 d.C., entrò a far parte del collegio dei *Ministri Fortunae Augustae* (Cil. X, 826).

Ugualmente gli *Olii* sono ben attestati a Ercolano, dove un *C. Olius Onesimus* (Cil. X, 1403g) e un *C. Olius Venustus* (Cil. X, 1403l) compaiono negli albi marmorei che erano esposti sulle pareti della *Basilica Noniana* nel foro della città (CAMODECA 2008a.87 ss.).

Ebbene, *C. Olius Ampliatus* potrebbe far parte di quella schiera di piccoli e medi proprietari, eredi dei veterani e dei coloni dell'ultimo periodo repubblicano, le cui fattorie erano disseminate nel territorio vesuviano.

Come giustamente osservavano John Haughton D'Arms ed Ettore Lepore (LEPORE 1950.144 ss.; D'ARMS 1979.75 ss.), la nostra conoscenza del quadro sociale della proprietà fondiaria pompeiana è ancora troppo parziale poiché, solo pochissime ville sono state scavate integralmente così come i relativi *fundi* di cui non conosciamo l'effettiva estensione. Infatti, tranne il caso di Villa Regina a Boscoreale, dove si è indagata una porzione del *fundus*, nella maggior parte dei casi questi restano essenzialmente sconosciuti. Stessa cosa dicasi per la manodopera impiegata nei campi: non abbiamo elementi certi per stabilire da quale tipo di forza lavoro fosse lavorata la terra di queste ville. È, però, innegabile che, a differenza di quanto avvenga nella Campania settentrionale, dove la proprietà fondiaria senatoria o imperiale si esprime con grandi ville di produzione schiavistica, l'evidenza archeologica dell'area vesuviana mostri, un panorama dei poderi maggiormente polverizzato.

---

[1] *Signacula Pompeiana et Herculanensia*, in Cil. X, p. 915; *Signacula* dalla villa n.13 di Boscoreale, cfr. *NSc* 1985.102; *NSc* 1985.211; *NSc* 1895.211; A. D'AMBROSIO 2003.266; FERGOLA 2003.158; MASTROROBERTO 2003.447; 461.

[2] Al di fuori della Campania gli *Olii* sono attestati ad *Arminium*, cfr. Cil. XI, 6488, ad Aquileia cfr. BLASON SCAREL, ZACCARIA 1991.311 ss.; nel ferrarese: cfr. DE VANNA 1993.20 (iscrizione di un *P. Olius Tertullianus* - Cil. V, 2381). Gli *Olii* sono, inoltre, attestati nel nord Italia e nella narbonese, Cil. V 2706; Cil. V 5029; Cil. V 5030; Cil.V 5140; Cil. VI 2873; Cil. XII 855; Cil. XII 4357; Cil.V 5683, 205; Cil.V 5690, 96.

[3] Un *C. Olius Euhodius* è attestato in Cil. X, 2808.

Ciò dovette in qualche modo favorire lo sviluppo di una miriade di piccole e medie proprietà, forse costituite anche da lotti non contigui, ove si registra un modesto uso degli *ergastula* e della manodopera schiavile. Si tratta in sostanza di aziende condotte dal *vilicus* e dalla sua *familia* che spesso, in vece del *dominus,* usava il suo *signaculum* per vidimare merci e beni.

L'ISTRUMENTUM DOMESTICUM

Sergio Cascella

The objects found in the house amounted to 104 finds. Only some of them have been found intact, while the majority, was crushed to the ground under the collapses of the perimeter walls. The Italian Terra Sigillata is present with four pots (4.5% of the total) produced both by manufacturers in the Pisa area, that of the Campania. There are two cups with the brands of L. Rasinius Pisanus and Sex Murrius Festus while, a plate, was fabricated by Cneus Ateius Mahes. A decorated cup, instead, belongs to a production Late Puteolan Sigillata. The number of lamps (3.4% of the total) is small. We are not able to explain this last figure. it is likely that between the beginning of the eruption and the time of destruction, the inhabitants of the villa have fled, taking with them almost all the lighting tools that were available. The coarse wares furnishings are the most abundant (47 vessels = 45, 7%) with a repertoire of types well known in sites destroyed in 79 AD. However, compared to the typical composition of the services pantry found in Pompeii and its suburbs, some of the types present in Ponticelli stand out for their uniqueness. Amid the ruins of the villa have been found seven amphorae (7.8%): six are vinarie, locally manufactured belonging to the classic Dressel 2/4. In the room no. 14, however, has discovered a rare example of an olive oil jug, attested in Pompeii with very few types. This is, perhaps, of a version of the Augustan-Tiberian age, the classic Spanish Dressel 20. Finally, were recovered during the excavation of seven bronze vessels (7.8%), while the agricultural implements are four: an ax, a hoe, a rake and a pruning knife.

Della Suppellettile rinvenuta nella villa, che ammonta a 104 reperti, soltanto alcuni vasi erano integri al momento della scoperta mentre, la maggior parte (70% circa), era stato schiacciato sul pavimento dai crolli dei muri perimetrali degli ambienti.

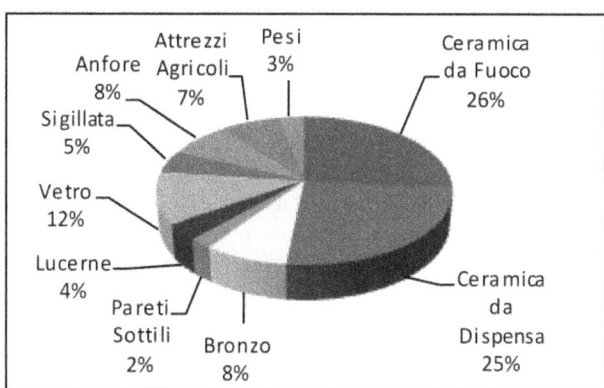

Grafico riassuntivo della ripartizione dei materiali ceramici in uso nel 79 d.C.

Durante lo scavo delle ville rustiche del suburbio pompeiano, questa circostanza deve essersi presentata limitatamente poiché, la città e il territorio circostante, nelle prime 7-8 ore dall'inizio del fenomeno vulcanico, sono stati ricoperti da un potente strato di pomici da caduta che ha avvolto gran parte degli oggetti preservandone l'integrità.

Viceversa, a Ercolano e nelle aree circonvicine, la dinamica violenta del seppellimento, non dissimile da quello riscontrato a Ponticelli, ha determinato la frantumazione della gran parte dei reperti ceramici e vitrei. Pertanto, il fatto che dai vecchi scavi di quest'ultima parte del territorio provenghino solo reperti integri, la dice lunga sulla selezione dei materiali operata dagli scavatori del XX e specialmente del XIX secolo, che conservarono prevalentemente solo pezzi integri (STEFANI 1994.74 ss.).

Da ciò consegue che, nell'ambito degli studi sull'*istrumentum domesticum* in uso nelle ville rustiche sepolte dal Vesuvio, gli scavi di Ponticelli e quelli di due altre ville esplorate con criteri scientifici - Villa Regina a Boscoreale e la Villa del Petraro a Stabia - (DE CARO 1987; DE CARO 1994.) siano esemplificativi. Questi siti, infatti, offrono la rara possibilità di definire per intero le reali quantità, la tipologia degli oggetti in uso e la loro associazione in servizi costituendo uno spaccato fomidabile degli utensili in uso nelle case e nelle fattorie campane d'età flavia.

Catalogo

Terra Sigillata Italica liscia

1. Coppa

Coppa forma Conspectus 3.2.2 (CONSP. 2002, p. 56, tav.3) (fig. 95.1), con bollo in *planta pedis* centrale sul fondo interno: L.R.P.(OCK 2000, n. 1690.46) (H. 12 cm; diam. Orlo 32 cm; diam piede 13 cm); integra. Il corpo ceramico è rosso, molto depurato (M 5 YR 7/6); La vernice rosso corallo, aderente (M 2,5YR 4/8).

2. Piatto

Piatto forma Conspectus 20.4.4 (CONSP. 2002, p. 86, taf. 18) (fig. 95.2; 96), con bollo in *planta pedis* centrale sul fondo interno: *CN.ATE.MA.*(OCK 2000, n. 298.2) (H. 4,8 cm; diam. Orlo 20 cm; diam piede 8,5 cm); integro. Sull'orlo vi sono quattro *appliques* mal stampigliate e poco leggibili. Si tratta di due rosette e due lepri, incedenti a

The villa rustica of C. Olius Ampliatus

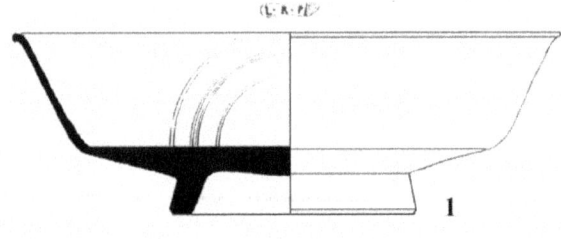

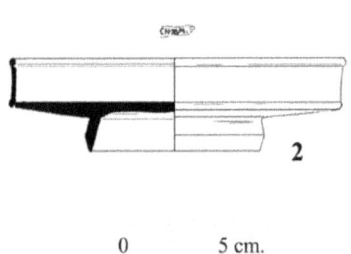

Fig.95 Napoli-Ponticelli: Terra Sigillata Italica liscia

Fig.96 Napoli-Ponticelli: Terra Sigillata Italica liscia, piatto bollato da C. Ateius Mahes

sinistra, alternate. Il corpo ceramico è di colore rosso, molto depurato (M 5YR 7/6); la vernice è rosso corallo, aderente (M 2,5YR 4/8).

3. Coppetta

Coppetta forma Conspectus 34 (CONSP. 2002, p. 112, taf. 31), bollo in *planta pedis* centrale sul fondo interno: S.M.F.(OCK 2000, n. 1212 , n. 46) (H. 8 cm; diam. Orlo 15,5 cm; diam piede 5 cm). Sull'orlo vi sono due *appliques* alternate. Le prime due sono identificabili con un piccolo eros alato (fig. 97), rivolto a sinistra, che suona il doppio flauto (HAYES 2008.168, n. 490, plate 23) mentre, gli altri due, sono costituiti da festoni di foglioline embricate (fig. 98), sospesi tra due foglie di palma (HAYES 2008.168, n. 497, pl. 24; STENICO 1954.74, n. 113, tav. XVII; p. 71, n. 96, tav. XVI). In ambedue i casi si tratta di *appliques* mal stampigliate. Il corpo ceramico è di colore rosso, molto depurato (M 5 YR 7/6); la vernice è rosso corallo, aderente (M 2,5YR 4/8).

Terra Sigillata decorata

4. Calice

Calice di forma emisferica (Soricelli 2001.96, forma 2-3, tav.1) su un basso piede a tromba e alto orlo svasato, purtroppo lacunoso del bordo (fig. 99). Una fascia decorata a rotella divide l'orlo dalla parte centrale del vaso decorata a matrice: quest'ultima, nella zona superiore, mostra come elemento separatore un giro di rosette a nove petali. Al di sotto si svolgeva la decorazione costituita da probabilmente da quattro protomi umane, caratterizzate da una folta

Fig.97 Napoli-Ponticelli: Terra Sigillata Italica liscia, coppetta bollata da Sex Murrius Festus: particolare Eros alato

Fig.98 Napoli-Ponticelli: Terra Sigillata Italica liscia, coppetta bollata da Sex Murrius Festus: particolare festoni di foglioline embricate

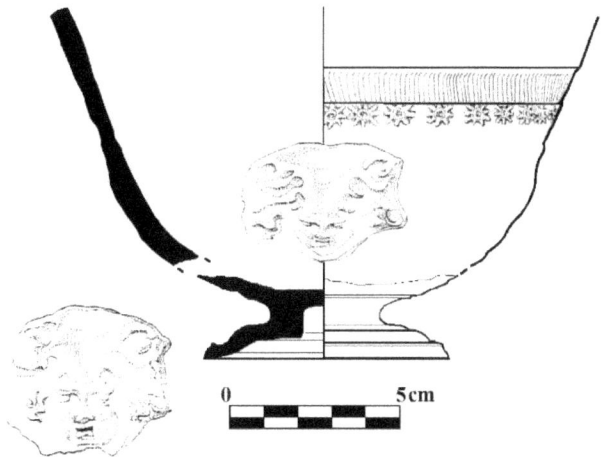

Fig.99 Napoli-Ponticelli: Calice in Terra Sigillata Tardo Puteolana decorata

capigliatura da cui spuntano racemi di vite (fig. 100). Si conservano due grossi frammenti, non combacianti, pertinenti alla vasca e al piede: (Alt. 12 cm; diam. orlo 20 cm (?); diam. piede 7,5 cm). Il corpo ceramico è di colore rosa-nocciola (M 7.5YR 7/4) mentre, la vernice è rosso scuro ma brillante (M 10R 4/6 - 4/8).

La ceramica fine da mensa a vernice rossa è dunque presente con quattro vasi (4,5% del totale) prodotti sia da fabbricanti dell'area pisana, che di quella campana.

Nello specifico ai ceramisti tardoitalici dell'Etruria centrale è riferibile il servizio di tre vasi lisci trovato nell'ambiente 14[1]. Si tratta di una coppa (n.16) prodotta da *Lucius Rasinius Pisanus*; un piatto (n.17) prodotto dall'officina di *Cneus Ateius Mahes* e una coppetta (n.18) prodotta dal ceramista *Sextus Murrius Festus*.

Tra i figuli tardoitalici *L. Rasinius Pisanus* e *S. Murrius Festus* sono quelli più attestati in tutta l'area vesuviana nei livelli del 79 d.C. Il giorno dell'eruzione erano, infatti, in circolazione a Pompei 113 vasi di *Rasinius* (PUCCI, 1977.13, tab. Va; CASCELLA 2012.14) e 74 di *Murrius Festus* (PUCCI 1977.13, tab. Va).

Un discorso particolare merita, invece, il piatto bollato da *C. Ateius Mahes*, ceramista che sino a non molto tempo addietro, era ritenuto tardo puteolano o campano (PUCCI 1977.14, tabella Vb) ma che, invece, molto probabilmente, deve essere considerato anch'esso pisano come, del resto, sembrerebbe indicare anche l'esame autoptico dell'argilla e della vernice che non mostrano per nulla le caratteristiche

Fig.100 Napoli-Ponticelli: Calice in Terra Sigillata Tardo Puteolana decorata, particolare

dei vasi lisci prodotti in Campania e in uso nel 79 d.C. a Pompei ed Ercolano.

Contrariamente alla serie più tarda di Terra Sigillata Puteolana o Campana decorata a rilievo (SORICELLI 2001.87 ss.), appartengono due grossi frammenti non ricomponibili relativi a un calice recuperato, purtroppo, nei pressi del taglio di una fossa agricola post-antica che ha disturbato la stratigrafia vulcanica di riempimento dell'ambiente 14, giungendo sino al piano di calpestio. Questa circostanza, e il fatto che i frammenti sono stati trovati proprio lungo il taglio della suddetta fossa, rende a nostro parere plausibile l'ipotesi che il cratere (n.19) fosse al momento della catastrofe integro, quindi in uso, come del resto gli altri vasi trovati recuperati intatti posti nelle sue vicinanze.

Il calice, che peraltro, a quanto ne sappiamo, è il primo a essere trovato in un contesto rustico, appartiene ad una serie ben attestata nell'ambito vesuviano, come dimostrano le nove coppe di questo tipo scoperte ancora in uso a Pompei (SORICELLI 2001.88) e i molti frammenti provenienti dalle ville distrutte nel 79 d.C. del territorio nolano (CASCELLA 2012, pp. 56 ss.).

Il nostro calice presenta uno dei motivi decorativi più caratteristici di tutta questa produzione. Si tratta di un giro di rosette a nove petali, adoperate in luogo dei classici ovuli

---

[1] A Villa Regina a Boscoreale erano in uso al momento del seppellimento tre coppette di cui una bollata da *C. Ateius Mahes*, una con bollo rettangolare *VX* e una coppetta in sigillata cipriota, cfr DE CARO 1994.142 e ss. Nella villa del Petraro, invece, era in uso un solo piatto bollato dal ceramista tardo puteolano o tardo campano *Fortunati*, cfr. DE CARO 1987. 53. Nella villa di *N. Popidi Narcissi Maioris* una sola coppa era in uso cfr. DE SPAGNOLIS 2002.189 n. 16.

per separare l'orlo dalla pancia del vaso. Tali rosette sono caratterizzate da un difetto, che le rende immediatamente riconoscibili e che è stato ben evidenziato da Soricelli (SORICELLI 2001.98, tav.2, n. 1.3; SORICELLI 2008.225 ss.)[2]. Questo difetto attesta la rottura del punzone adoperato per decorare le matrici, ma soprattutto il suo reiterato utilizzo.

Al disotto delle rosette, si snodava la decorazione che, come spesso accadeva in questa produzione, era costituita da figure isolate poste paratatticamente senza nessun intento narrativo (SORICELLI 2001.87; *contra* cfr. CASCELLA 2012.59 ss.), spesso associate a riempitivi di carattere vegetale, secondo uno schema che anticipa in qualche modo la sintassi decorativa della successiva produzione tardoitalica.

Nel nostro caso, la decorazione era formata da quattro protomi umane, contraddistinte da una folta capigliatura da cui spuntano racemi di vite che, nonostante il rilievo sia piuttosto appiattito, possono essere identificate con quella di un giovane Dionisio. Si tratta molto verosimilmente di una decorazione ottenuta per *sourmulage* da un vaso decorato con motivo decorativo che compare su una matrice bollata da *Quartio Rasini* (CHASE 1908.122, n. 265, pl. XX; CHASE 1916.93, n. 102 ss., pl. XXI.) dove è associata alla protome di un satiro e ai classici attributi dionisiaci. Ciò costituisce un'altra conferma che per il repertorio decorativo della produzione tardo-puteolana attinse a piene mani non solo alla precedente produzione di *N. Naevius Hilarus* (SORICELLI 2001.87.), di cui forse costituisce l'epigono ma, come dimostra pure un altro calice recuperato nell'area nolana (CASCELLA 2012.63), anche dai ceramisti aretini della fase augustea.

Pareti sottili

5. Boccalino

Boccalino a corpo globulare con orlo distinto ed estroflesso (H. 12 cm; diam. orlo 10 cm), parzialmente ricomposto (CARANDINI 1977.26, tav. VIII n. 4.; RACCAGNI 2008, fig.2). La superficie esterna è rivestita con un'ingubbiatura molto diluita ed è decorata con scaglie di pigna; l'argilla è di colore nociola, depurata ma con qualche incluso nero (pirossene ?). Il fondo è distinto e piatto (fig. 101).

6. Tegame

Tegame a corpo carenato con presa pervia a fusto cilindrico, integro (H. 15 cm; diam orlo 25 cm); fondo distinto, ma piatto (CARANDINI 1977.26, tav. VIII, n. 3; RACCAGNI 2008 fig. 4). La parete esterna è decorata a rotella ed è rivestita con un'ingubbiatura molto diluita (fig. 102); l'argilla è di colore nociola, depurata ma con qualche incluso nero (pirossene ?).

Fig.101 Napoli-Ponticelli: Ceramica a Pareti Sottili, Boccalino

Fig.102 Napoli-Ponticelli: Ceramica a Pareti Sottili, Tegame

La ceramica a Pareti Sottili è attestata con due vasi (2,2% del totale). Si tratta di due forme di probabile produzione locale, tra quelle maggiormente attestate nei livelli del 79 d.C. sia a Pompei, che a Ercolano.

Nello specifico, il boccalino (n.20) decorato con scaglie di pigna conferma che il processo di appiattimento e monotona riproposizione di un repertorio tipologico e decorativo molto standardizzato dell'intera produzione, era pienamente in corso in età flavia. Nondimeno, però, il tegame (n. 21) sia per la forma, che per le caratteristiche della decorazione e della vernice, rappresenta un evidente elemento di novità, preludendo chiaramente a una serie di produzioni che nella prima metà del II sec. d.C. diverranno caratteristiche della baia di Napoli e del settore settentrionale della Campania (MIRAGLIA 1983-4.256 ss; CASCELLA 2012.228 ss.).

---

[2] Il motivo compare anche su alcuni calici conservati nel Museo Archeologico Nazionale di Napoli, nn. Inv. 123954 e Ba90.

Fig.103 Napoli-Ponticelli: Lucerna n. 22

Fig.104 Napoli-Ponticelli: Lucerna n. 23

Tra i materiali non più in uso il giorno dell'eruzione si annoverano alcuni vasi trovati sul pavimento dell'ambiente n. 6. Si tratta di due grossi frammenti di boccalini a corpo globulare, monoansati (CARANDINI 1977.26, tav. VIII n. 1), anch'essi tipici del periodo flavio in ambito pompeiano e del fondo di un altro boccalino, con piede piano e parete decorata a rotella.

Lucerne

7. Lucerna

Lucerna monolicne frammentata (fig. 103); l'argilla è di colore nocciola-arancio depurata; la vernice è di colore bruno-rossiccia. Spalla obliqua, decorata con un giro di ovuli (DE CARO 1994.195, n. 195 fig. 50; BISI 1977, forma VIII F; CERULLI IRELLI 1977, tav. 55, n. 22). Una nervatura che precede una solcatura, distingue la spalla dal disco che è lacunoso della parte centrale, ma che doveva essere decorato con una figura di cui si scorge a malapena la testa. Becco cuoriforme decorato da due semivolute. Ansa ad anello (H. 2,5 cm; diam. 6 cm).

8. Lucerna

Lucerna monolicne integra (fig. 104); l'argilla è di colore nocciola-arancio depurata; la vernice è di colore rossiccio. Spalla obliqua separata dal disco tramite una solcatura (BISI 1977.87, forma VIII G; LOESCHCKE 1919.228 ss., forma V). Il disco mostra una sorta di falce lunare aperta verso l'alto su cui è posto l'*infudibulum*. Becco cuoriforme decorato da due semivolute. Ansa ad anello (H. 2,6 cm; diam. 6 cm).

Lucerna

Lucerna monolicne framentata sinile alla precedente; l'argilla è di colore nocciola-arancio depurata; la vernice è di colore rossiccio. Spalla obliqua, separata dal disco tramite una solcatura. Il disco è privo di decorazione. Becco

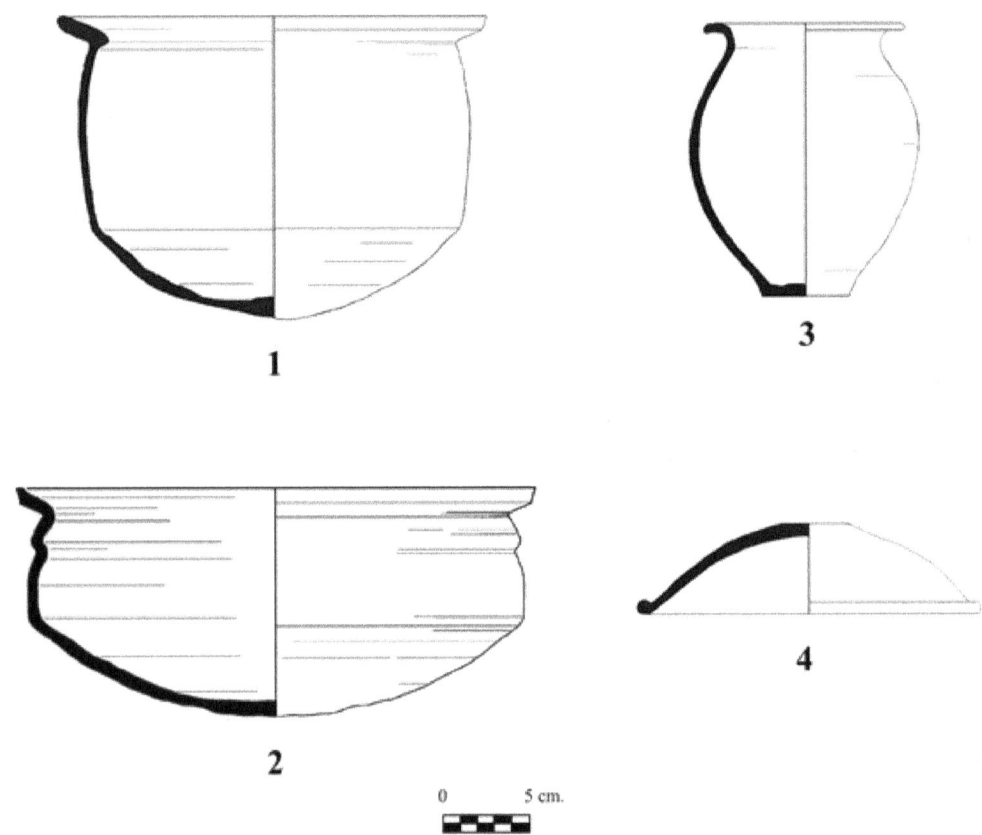

Fig.105 Napoli-Ponticelli: Ceramica da Fuoco

cuoriforme decorato da due semivolute. Ansa ad anello (H. 2,6 cm; diam. 6,1 cm).

È subito evidente l'esiguo numero di lucerne (3,4% sul totale) rinvenute nell'ambiente n.6, rispetto alla media degli esemplari che comunemente si rinvegono all'interno delle ville rustiche dell'area pompeiana. Infatti, nella villa di *N. Popidi Narcissi Maioris* a Scafati (Sa) sono stati recuperati ben sette lucerne in uso (DE SPAGNOLIS 2002.323); altre sette sono venute in luce a Villa Regina presso Boscoreale (DE CARO 1994.192), e addirittura undici esemplari nella Villa del Petraro a Stabia (DE CARO 1987.73 ss.).

Non siamo in grado di spiegare questo dato, se non ipotizzando banalmente che tra l'inizio dell'eruzione e il momento della distruzione, gli abitanti della villa siano fuggiti portando con loro quasi tutti gli strumenti d'illuminazione che erano a disposizione.

Viceversa, come nelle altre tre ville descritte, anche in questa non si sono rinvenuti esemplari di lanterne di bronzo.

Ceramica da fuoco

25-28. Caccabi

Pentole con orlo a tesa orizzontale (fig. 105.1), ingrossato e contraddistinto da una solcatura; corpo carenato, cilindrico nella parte superiore e a calotta in quella inferiore; fondo piano, concavo al centro. L'argilla è del tipo 6 (O2) (DI GIOVANNI 1996.99) mentre la superficie esterna è molto annerita. Tutti gli esemplari sono di uguali dimensioni e sono ricomposti da molti frammenti. (H. 17 cm; diam orlo 30 cm).

29-31. Caccabi

Pentole con orlo a tesa inclinato verso l'alto (fig. 105.2), ingrossato e caratterizzato da una solcatura; il corpo è carenato e schiacciato, cilindrico nella parte superiore e a calotta in quella inferiore; ingrossatura sotto l'orlo; fondo piano. L'argilla è del tipo 1 (L1) (DI GIOVANNI 1996.99) mentre la superficie esterna è molto annerita. Tutti gli esemplari sono di uguali dimensioni e sono ricomposti da molti frammenti. (H. 13,5 cm; diam orlo 42 cm).

32-35. Olle

Olle a corpo ovoidale, con orlo estroflesso ingrossato (fig. 105.3; 106); fondo piano, concavo al centro. L'argilla è del tipo 6 (O2) (DI GIOVANNI 1996.99) mentre la superficie esterna è annerita. Tutti gli esemplari sono di uguali dimensioni e sono ricomposti da molti frammenti. (H. 15 cm; diam orlo 12 cm).

Fig.106 Napoli-Ponticelli: Ceramica da Fuoco, Olla n. 35

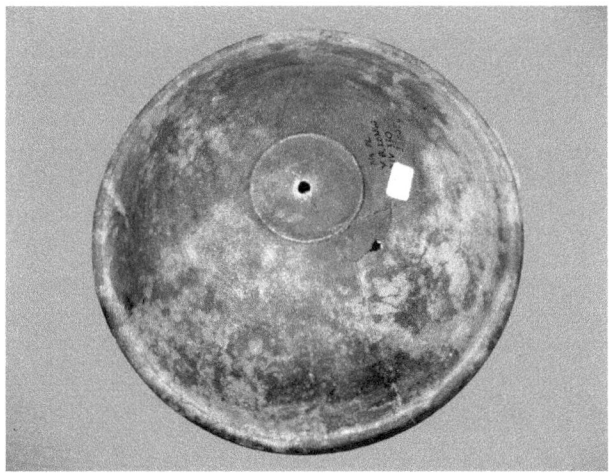

Fig.107 Napoli-Ponticelli: Ceramica da Fuoco, Piatto/Coperchio n. 40

Fig.108 Napoli-Ponticelli: Ceramica da Fuoco, Coperchio n. 43

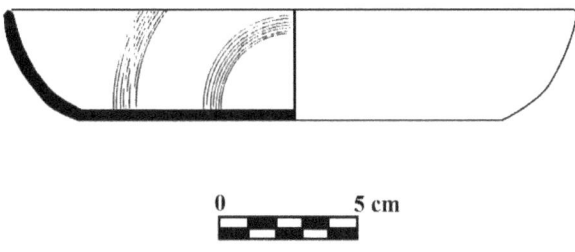

Fig.109 Napoli-Ponticelli: Ceramica a Vernice Rossa Interna, Lanx n. 45

36-40. Piatti-Coperchi

Piatti a profilo convesso, con orlo estroflesso e ingrossato (fig. 105.4; 107); fondo piano, concavo al centro con anelletto di appoggio. L'argilla è del tipo 1 (L1) (DI GIOVANNI 1996.99); superficie esterna è annerita. Tutti gli esemplari sono di uguali dimensioni e sono ricomposti da molti frammenti. (H. 10 cm; diam orlo 20 cm).

41-44. Coperchi

Coperchi a profilo tronco-conico, con orlo estroflesso e ingrossato (fig. 109) e presa a pomello concava nella parte interna. L'argilla è del tipo 1 (L1) (DI GIOVANNI 1996.99) mentre la superficie esterna è annerita. Tutti gli esemplari sono di dimensioni simili e sono ricomposti da molti frammenti tranne due che sono stati trovati integri. (H. 7 cm; diam orlo 20-22 cm).

45-49. Tegami a vernice rossa interna

Tegami a fondo piatto, con pareti convesse e labbro intistinto, leggermente rientrante (fig. 109). Argilla di colore marrone scuro, porosa con molti inclusi neri anche di grosse dimensioni. La vernice, solo interna, è rosso brillante, lucida con molti inclusi micacei visibili in superficie. Le pareti esterne sono annerite. Tutti i tegami sono delle medesime dimensioni e sono ricostruiti da molti frammenti, (H. 6 cm; diam. 35 cm.)

La maggior parte della ceramica trovata nella villa è riferibile a recipienti da fuoco (24 vasi = 23,6%) presenti con le forme tipiche dei contesti vesuviani.

Le pentole con orlo a tesa si presentano con due tipi: il primo è il classico *caccabus* (nn. 25-28) ampiamente attestato a Pompei (DE CARO 1987, fig.77.12; DE CARO 1994, fig.37.100; DI GIOVANNI 1996.83, forma 2211b, fig.13). Il secodo (nn. 29-31), invece, è più raro ed è forse avvicinabile al tipo 2213a del Di Giovanni (DI GIOVANNI 1996.87, forma 2213a, fig.15.) anche se, i nostri esempalri sono privi delle anse digitalate. Tra le forme più attestate seguono le olle a corpo ovoide (DE CARO 1994, fig.39.111;

DI GIOVANNI 1996.90 ss., forma 2311a-c, fig. 18 (nn. 32-36), i caratteristici piatti/coperchi (nn. 37-41) a profilo esterno convesso (DE CARO 1987, fig. 79.24-27; DE CARO 1994, fig.46.152; DI GIOVANNI 1996.98, forma 2421b, fig.25) e gli immancabili coperchi con presa a pomello (nn. 42-49).

Alla ceramica da fuoco appartengono anche quattro piatti-tegami (*lances*) a Vernice Rossa Interna (GOUDINEAU 1970.185 ss., fig. 1, forma 28), rinvenuti nella cucina (ambiente 40). La presenza di questo tipo di patti, sia verniciati, che acromi è una costante nelle batterie da cucina delle case romane di quest'epoca. Tuttavia, nelle ville dell'agro pompeiano, non sempre ciò è vero. Infatti, nessun tegame a Vernice Rossa Interna era in uso tra gli utensili di Villa Regina a Boscoreale mentre, solo due esemplari verniciati, sono presenti nella Villa del Petraro a Stabia (DE CARO 1994.140 ss.; DE CARO 1987.56, n. 8 fig. 76).

Infine, le caratteristiche delle argille, del tutto simili agli esemplari pompeiani e in genere ai prodotti circolanti nell'area del golfo di Napoli, fanno propendere per una produzione locale di questi recipienti[3].

Ceramica comune da dispensa

50-53. Olle

Olle a corpo ovoidale a base piatta (fig. 110), leggermente concava all'interno; orlo distinto ed estroflesso, con incavo interno per l'appoggio del coperchio; anse a nastro costolate. L'argilla è di colore arancio, poco depurata, con inclusi neri di piccole dimensioni. Gli esemplari sono tutti delle stesse dimensioni e sono ricostruiti da molti frammenti. (H. 30 cm; diam. orlo 12 cm; diam. piede 6 cm).

54-55. Brocche/anfore

Brocche a corpo ovoide, con orlo estroflesso e ingrossato e sagomato. Nella parte interna dell'orlo vi è un incavo per l'alloggiamento del coperchio; collo cilindrico impostato su spalla distinta; base ad anello; anse a bastoncello. Argilla giallognola con inclusi neri di piccole dimensioni. Vernice esterna anch'essa giallognola. In uno dei recipienti, nella parte interna dell'orlo, si nota una sorta di pennellata ottenuta con della vernice marrone che è anche colata lungo il collo e la parete esterna del vaso (fig. 111). I due esemplari hanno le stesse dimensioni e sono ricostruiti da molti frammenti. (H. 30 cm; diam. orlo 8 cm).

56-60. Brocche monoansate

Brocche monoansate a corpo globulare (fig. 112.1). Collo cilindrico impostato su spalla distinta; orlo sagomato con due listelli; piede ad anello e ansa costolata. L'argilla è del tipo 2 della Gasperetti (GASPERETTI 1996.60) mentre, la vernice è assente. (H. 25 cm; diam. orlo 5,5 cm). I

Fig.110 Napoli-Ponticelli: Ceramica Comune, Olla n. 51

quattro esemplari rinvenuti sono tutti uguali e ricomposti da numerosi frammenti.

61-63. Brocche con orlo trilobato

Brocche a corpo globulare, con orlo trilobato; piede piatto e ansa costolata (fig. 112,2). L'argilla e beige con piccoli inclusi neri; acroma. (H. 26-30 cm; diam. orlo 12-14 cm). Le brocche, a due a due, si presentano di due calibri leggermente differenti; gli esemplari sono ricomposti da molti frammenti di cui uno è lacunoso di parte dell'orlo.

64. Brocchette monoansate

Brocchette a corpo globulare (fig. 113, 1), con orlo ingrossato e profilo leggermente arrotondato. Il corto collo cilindrico è impostato sulla spalla appena distinta; piede ad anello e ansetta verticale. L'argilla è di color beige con qualche incluso nero; acroma. (H. 14 cm; diam 4,5 cm).

65-66. Brocchette monoansate con orlo trilobato

Brocchette a corpo globulare (fig. 113, 2) con orlo trilobato, leggermente arrotondato. Il corto collo cilindrico è provvisto di un gradino che lo rastrema verso la spalla su cui è impostato; piede ad anello e ansetta verticale. L'argilla è di color beige con qualche incluso nero; acroma. (H. 20 cm; diam. orlo 5 cm).

---

[3] In particolare per i vasi a vernice rossa interna la discussione è ancora lungi dall'essere risolta, cfr. PUCCI 1975.

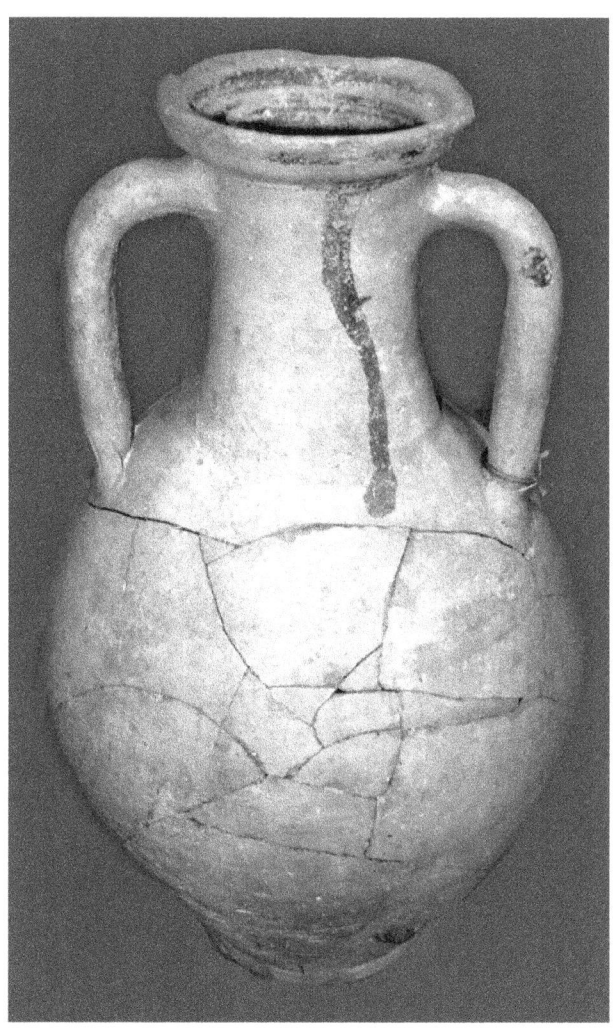

Fig.111 Napoli-Ponticelli: Ceramica Comune, Brocca n. 51

Fig.112 Napoli-Ponticelli: Ceramica Comune, n.1 Brocca monoansata n. catalogo 56; n. 2 Brocca trilobata n. catalogo 61

Fig.113 Napoli-Ponticelli: Ceramica Comune, Brocchette monoansate nn. 64.1; 66.2

Fig.114 Napoli-Ponticelli: Ceramica Comune, Olla n. 67

67. Olla

Grossa olla a corpo sferico (fig. 114) con orlo distinto e molto estroflesso; fondo piatto e ansa verticale a nastro. L'argilla è di colore beige con inclusi neri di pirossene. Integra. (H. 40 cm; diam. orlo 22 cm).

68. Olla

Piccolo recipiente a corpo sferico (fig. 115) con orlo a mandorla piatto; piede ad anello. L'argilla è di colore beige con inclusi neri di pirossene. Integro. (H. 40 cm; diam. orlo 22 cm).

Fig.115 Napoli-Ponticelli: Ceramica Comune, Olla n. 68

69-73. Coperchi

Coperchi a profilo tronco-conico, con orlo ingrossato e presa a pomello. L'argilla è di colore beige con inclusi neri di pirossene. Tutti gli esemplari sono ricomposti da molti frammenti. (H. 7 cm; diam orlo 20-22 cm).

Com'era logico aspettarsi, la suppellettile da dispensa è, insieme alla ceramica da fuoco, tra le classi di materiali maggiormente presenti (23 vasi = 22, 2 %) con un repertorio tipologico ben conosciuto nei siti distrutti nel 79 d.C. Tuttavia, rispetto alla composizione tipica dei servizi da dispensa riscontrata negli altri due contesti rustici che abbiamo preso a riferimento, alcune delle forme presenti a Ponticelli spiccano per la loro unicità (in particolar modo i nn. 67-68).

I tipi più attestati sono le olle biansate a corpo troncoconico (nn. 50-53) e fondo piatto, attestate a Villa Regina con un esemplare e alla Villa del Petraro con sette vasi (DE CARO 1994.174, fig.44, n. 139; DE CARO 1987.67, n. 72, fig. 84).

Le brocche biansate (nn. 54-55) con piede ad anello, attestate con numerosissimi esemplari nei depositi pompeiani (GASPERETTI 1996.36, forma 1243b, fig.5, n.28), sono invece stranamente assenti nei contesti rustici di Boscoreale e di Stabia.

L'olla monoansata (nn. 56-60), anch'essa ampiamente testimoniata a Pompei con ottantacinque vasi, è presente a Villa Regina con un esemplare (GASPERETTI 1996.34, forma 1242a, fig.4, n.24; DE CARO 1994.170 ss., fig.43, n. 133) ed è assente nella Villa del Petraro.

Le brocche monoansate con orlo trilobato (nn. 61-63) sono attestate a Villa Regina con due vasi (DE CARO 1994.168 ss., fig.42, n. 129) mentre, sono assenti nella Villa del Petraro.

Le brocchette monoansate (n. 64) a corpo globulare con collo cilindrico e orlo a profilo triangolare (GASPERETTI 1996.39, forma 1252, fig.6, n.32) e le brocchette monoansate con orlo trilobato (GASPERETTI 1996.47, forma 1362a, fig. 9.48) e sovradipinture sul corpo globulare (nn. 65 - 66), sono tra le forme più attestate anche nelle ville rustiche. Il primo tipo, con quattro esemplari a Villa Regina (DE CARO 1994.172, n. 135, fig. 43) e cinque nella Villa del Petraro a Stabia (DE CARO 1987.63 ss., n. 54-58, fig. 81) mentre, il secondo, è assente a Boscoreale ed è testimoniato con due vasi al Petraro (DE CARO 1987.65, n 59-60, fig. 82).

Come accennato, non sembra esserci in questi constesti nessun confronto per le olle n. 67 e 68, mentre i molti coperchi con presa a pomello sono ampiamente attestati.

Vetri

Purtroppo, per la dinamica del seppellimento, nessun recipiente in vetro è stato rinvenuto integro. Tuttavia, durante lo scavo si sono potuti isolare almeno dieci nuclei di piccolissime schegge corrispondenti all'incirca a dieci vasi (nn. 74-83 = 10,1%) tra coppe e bottiglie.

Anfore

84-89. Anfore

Anfore del tipo Dressel 2/4. L'argilla è di colore arancio con *black sand*. (H. 1,20 m; diam. Orlo 12 cm). Cinque anfore sono ricomposte da molti frammenti mentre, una è integra (fig. 116).

90. Anfora

Anfora del tipo Dressel 20. L'argilla è di colore beige chiaro con piccoli inclusi bianchi. (H. 70; diam. orlo 11 cm); integra (fig. 117).

Tra le macerie della villa sono state rinvenute sette anfore (7,8%): sei sono vinarie, di fabbricazione locale, appartenenti al classico tipo Dressel 2/4. Di queste, cinque fanno parte del gruppo 3 individuato dalla Panella (PANELLA, FANO 1977.150, n. 221, fig. 5) mentre, una rientra nel tipo 9 della stessa tipologia (PANELLA, FANO 1977.163, fig. 49).

Nell'ambiente n. 14, invece, si è scoperto un raro esemplare di contenitore anforico oleario, attestato a Pompei e nel suburbio[4] con pochissimi tipi analizzati dal Manacorda (Manacorda 1977.131, tav. LVIII, n. 26), che esula leggermente dalla classica forma dell'anfora olearia

---

[4] Un tipo del tutto simile compare tra i recipienti ancora in uso a Villa Regina a Boscoreale, cfr. DE CARO 1994.190, fig. 49, n. 185.

Fig.116 Napoli-Ponticelli: Anfora Dressel 2/4, n. 84

Fig.117 Napoli-Ponticelli: Anfora Dressel 20, n. 90

spagnola Dressel 20, rappresentandone, forse, un prototipo più antico, probabilmente d'età augusteo-tiberiana.

Bronzo

91. Olla

Situla a corpo ovoide e fondo piatto; orlo distinto provvisto di una solcatura interna, forse per l'appoggio di un coperchio; decorazione all'altezzza della spalla costituita da una serie di solcature (H. 38 cm; diam. bocca 22 cm). Grossa lacerazione della parete in prossimità del fondo (fig. 118).

92. Situla

Secchia a corpo globulare a fondo piatto e orlo distinto. Sulla parete esterna si notano le tracce di un manico di

Fig.118 Napoli-Ponticelli: Bronzo, Olla n. 91

The villa rustica of C. Olius Ampliatus

ferro attaccato al corpo del vaso con una serie di chiodini ribattuti di cui restano i fori, (H. 40 cm; diam. bocca 32 cm). Integra (fig. 119).

93. Cabbabus

Pentola a corpo cilindrico, su fondo piatto e orlo distinto (DE CAROLIS 1999.185, n. 219). (H. 25 cm; diam. bocca 13 cm). Integra.

94. Brocca con orlo trilobato

Brocca a corpo globulare e fondo piatto con corto collo cilindrico e orlo deformato (DE CAROLIS 1999.190 n. 229), ma che forse in origine do eva essere trilobato. Ansa a fusione piena con *cheniscoi* stilizzati; attacco inferiore cuori forme e poggiapollice mediano triangolare (BOLLA 1994.24, n. 17, tav. X) (H. 20 cm; diam. bocca 6 cm). Integra (fig. 54; 120).

95. Colino

Colino monoansato (DE CAROLIS 1999.197 n. 251; BOLLA 1994.81, n. 91) completamente schiacciato dal crollo di uno dei muri dell'ambiente n. 6.

96. Olla

Olla completamente schiacciata dal crollo di uno dei muri dell'ambiente n. 6.

97. Olla

Olla completamente schiacciata dal crollo di uno dei muri dell'ambiente n. 6.

Sono sette i vasi di bronzo (7,8%) recuperati durante lo scavo. Tra questi l'olla n. 91, trovata nell'ambiente 11, sembra essere il pezzo più pregiato ed anche uno dei tipi più diffusi a Pompei (TASSINARI 1993.112, forma X1912; DE CAROLIS 1999.189, n 227).

Attrezzi agricoli e utensili in ferro e piombo

98. Ascia

Ascia a un solo tagliente (fig. 121), con lama leggermente ricurva. Immanicatura ortogonale alla lama, con resti del manico ligneo nel foro (Lungh. 22 cm).

99. Rastrello

Rastrello (*rastrum*) a sei denti con foro passante (fig. 122); un dente è mancante (H. 16 cm; lungh. 37 cm).

100. Zappa

Zappa (*sarculum simplex*) a lama appiattita (fig. 123)

Fig.119 Napoli-Ponticelli: Bronzo, Situla n. 92

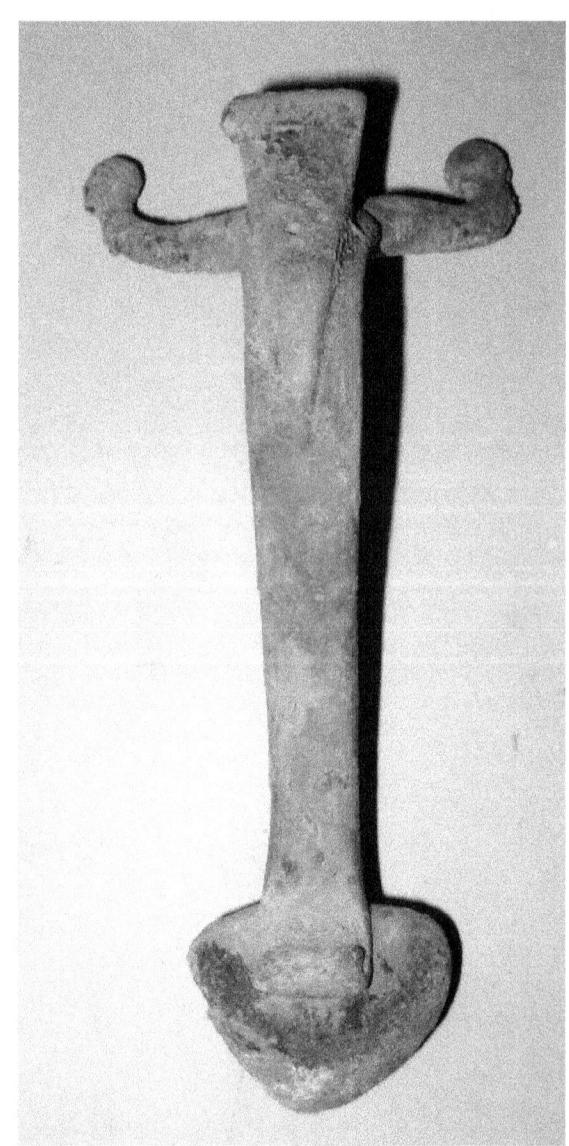

Fig.120 Napoli-Ponticelli: Bronzo, Ansa della Brocca n. 94

Fig.121 Napoli-Ponticelli: Ferro, Attrezzi Agricoli, Ascia n. 98

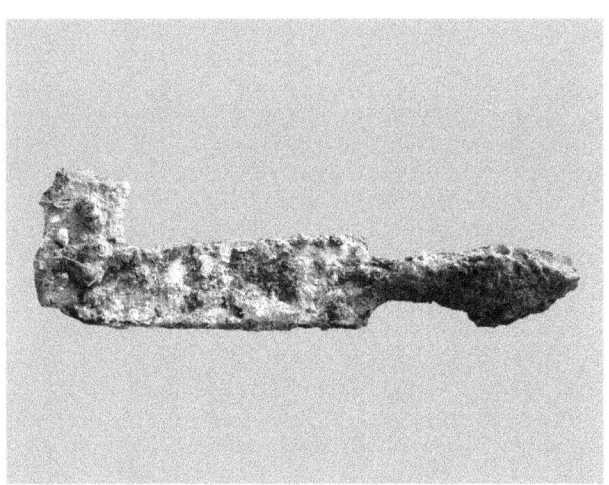

Fig.124 Napoli-Ponticelli: Ferro, Attrezzi Agricoli, Roncola n. 101

Fig.122 Napoli-Ponticelli: Ferro, Attrezzi Agricoli, Rastrello n. 99

Fig.123 Napoli-Ponticelli: Ferro, Attrezzi Agricoli, Zappa n. 100

trapezoidale con foro per immanicatura a sezione circolare (Lungh. 30 cm; largh. 22 cm).

101. Roncola/Falce

Roncola (*falx arboraria*) con lama appiattita dritta che poi curva descrivendo un quarto di cerchio. Manico a sezione cilindrica con resti del rivestimento ligneo (fig. 124); (Lungh. 36 cm; largh. 15 cm).

102. Treppiedi

Treppiede realizzato saldando almeno due barre a sezione quadrangolare (H. 15 cm; largh. 24 cm) (fig. 54).

103. filtro (?)

Filtro (*infundinbulum*) di piombo (fig. 125) di forma concava, simile a una coppetta apoda, con forri interni per il passaggio di un liquido (diam. 28 cm ca.).

Gli attrezzi agricoli[5] trovati nella villa ammontano a quattro: un'ascia (DE CARO 1994.209, fig. 53; BORRIELLO 1999.122, n. 77; DE CAROLIS 1999.195, n. 247; TORO 1985.138, n. 2, fig.106), una zappa (TORO 1985.141, n. 10, fig. 110; D'AMBROSIO 2003.371 ss., n. IV.399; DE CAROLIS 1999.134, n. 112; FERGOLA 1990.160, n. 44-45; STEFANI 2002.22), un rastrello (DE CAROLIS 1999.134, n. 111; DE SPAGNOLIS 2002.37, n. 288; STEFANI 2002.22) e una roncola (FERGOLA 1990.160, n. 46; STEFANI 2002.35.

La zappa e il rastrello sono i tipici arnesi adoperati per la manutenzione dei campi, che periodicamente avevano bisogno di essere dissodati e puliti dal fieno mentre, l'ascia

---

[5] Per un panoramna generale sugli attrezzi agricoli, cfr. KOLENDO 1985.

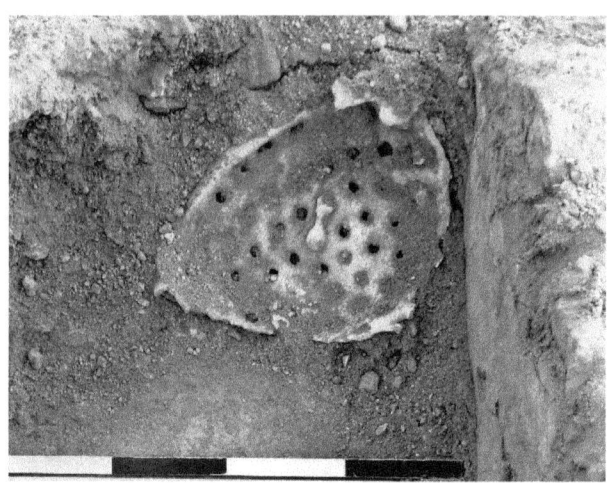

Fig.125 Napoli-Ponticelli: Piombo, Attrezzi Agricoli, Infundibolo n. 103

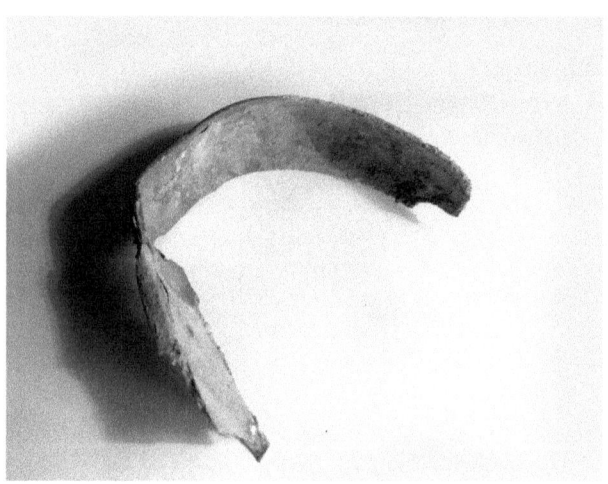

Fig.126 Napoli-Ponticelli: Bronzo, Attrezzi da Toilette, Strigile, n. 104

Fig.127 Napoli-Ponticelli: Bronzo, Attrezzi da Toilette, Strigile, n. 104, particolare

e la roncola, erano utilizzate per potare o sradicare gli alberi da frutto o le viti malate.

Tuttavia, come spesso è accaduto anche in altri complessi rustici dell'area vesuviana, il numero di questi utensili è relativamente scarso rispetto alla presunta quantità di lavoranti, che sicuramente doveva essere superiore all'unita e alla presumibile estenzione del *fundus* della nostra villa.

Ciò spinge a ipotizzare che nelle campagne circostanti esistessero dei capanni ove la granparte degli attrezzi erano stipati.

Alle attrezzature da cucina, invece, appartiene il tipico treppiede (DE CAROLIS 1999.181, n. 211; POMPEIANA SUPPELLEX 1979, n. 10) di ferro battuto che, posto sulle braci, era utilizzato per poggiarvi le pignatte e i caccabi adoperati per la cottura dei cibi.

Di particolare interesse è anche il filtro di piombo (n. 103) trovato nel torchio vinario (ambiente n. 2). Per quanto ne sappiamo un esemplare analogo, ma di bronzo, è stato trovato nella villa rustica di *Marcus Cellius Marcelli* (MASTROROBERTO 2003.447, n. V.11) situata nel suburbio pompeiano. In entrambi i casi è nostro parere che questi attrezzi fossero usati durante le operazioni di travaso del primo mosto dal torchio al cosidetto dolio purificatorio e per il filtraggio delle vinacce.

Utensili di bronzo

104. Strigile

Strigile frammentato (fig. 126). Si conserva la *ligula,* la cui curvatura è stata deformata dal crollo delle strutture, decorata con un motivo a costolature che formano una foglia d'acqua allungata (fig. 127). Del manico, che probabilmente era scatola, resta ben poco, mentre è abbastaza evidente la fascetta di ferro di rinforzo (DE CAROLIS 1999.198, n. 252; BOLLA, BUONOPANE 2010.418, n. inv. 30719).

I BOLLI SU PRODOTTI LATERIZI

Sergio Cascella

Between the materials of the layer of roof collapse, were recovered fifty-eight roof tiles marked with stamps in Latin. The stamps Abdae/Liviae (fig. 128) are the most present with forty specimens. This is a workshop imperial property, which belonged to Livia Augusta. To this period belong the stamps Stab. Appi (Stabilius Appius), present under three brands and those of M. Arri/Maximi, present with four brands (fig. 129). Less known but present with five specimens, is stamp Q. Muci Anter(otis) (fig. 130) known only to Herculaneum. For the widespread distribution of these stamps in the field of Campania, it is very likely that in the Augustan-Tiberian age workshops that produced these roof tiles are to be located in one or more cities in the Bay of Naples. Indeed, it would not be surprising that at least part of these workshops are to be considered Puteolan since the tiles with stamps from Campania are spread along a route well defined and known, followed by the naval convoys which departed from the port of Pozzuoli and headed for the coast of Africa northern.

Tra i laterizi che formavano lo strato di crollo del tetto, sono stati recuperati cinquantadue frammenti di tegole con alette quadrangolari, contrassegnati con bolli in lingua latina.

Tegole

Bollo	Tipo	N. esemplari	Rif. al CIL
ABDAE/LIVIAE	Rettangolare	40	CIL. X, 8042,41
STAB. APPI	Rettangolare	3	CIL. X, 8042,98
M. ARRI	Rettangolare	1	CIL. X, 8042,19
M. ARRI/MAXIMI	Rettangolare	3	CIL. X, 8042,20
Q. MVCI. ANTER(otis)	Rettangolare	5	

Le tegole integre o che si sono potute ricomporre, hanno tutte le medesime misure (65 x 49 cm; spess. 3,5 cm) ma mostrano due diversi tipi di argilla:

A. Argilla dal colore rosso scuro (M 2.5 YR 4/8), caratterizzata da un impasto più grossolano in cui si notano molti vacuoli e inclusi di pirossene, anche di grosse dimensioni.
B. Argilla dal colore arancio (M 2.5 YR 7/6), caratterizzata da un impasto più raffinato in cui si notano inclusi di pirossene di minori dimensioni.

L'ingobbio di entrambi i tipi, è di color crema, a volte tendente al giallino, molto diluita.

1. Frammento di tegola con bollo rettangolare su due righe: ABDAE/LIVIAE (fig. 128), argilla del tipo B, (H. 3,5 cm; lungh. 8 cm)

Questo è in assoluto il marchio più attestato nella villa di Ponticelli con ben quaranta esemplari tra integri e frammentati provenienti tutti dal crollo del tetto del portico.

Si tratta di una *figlina* campana di proprietà imperiale

Fig. 128 Napoli-Ponticelli: Bollo su tegola Abdae/Liviae n. catalogo 1

appartenuta a Livia che sicuramente è precedente al 29 d.C., anno della morte della moglie di Augusto ma che, per l'omissione del titolo di *Augusta,* potrebbe addirittura essere anteriore al 14 d.C.

A quest'officina sono da riferire anche i bolli di altri due schiavi officinatori: *Hilari/Liviae* e *Damae/Liviae* tutti, però espressi su una sola riga.

Questo bollo (PAGANO 1990.172; CAVALIER, BRUGNONE 1986.244; TORELLI 1996.292; MINIERO 1999.66, n. 137), che è presente a Pompei, Ercolano, Oplonti, Cuma, Capua e Lipari, non era certo l'unica attività imprenditoriale di Livia nell'ambito della produzione laterizia. Infatti, un'altra serie di bolli a lei riconducibili è

Fig.129 Napoli-Ponticelli: Bollo su tegola M.Arri/Maximi n. catalogo 3

Fig.130 Napoli-Ponticelli: Bollo su tegola Qmucianter n. catalogo 5

concentrata nell'attuale Lazio orientale, nell'area di *Trebula Mutuesca*, ove si sono rinvenuti bolli rettangolari su tegola che riportano il nome *Liviae* (VALLARINO 2007.368 ss., fig. 10).

2. Frammento di tegola con bollo rettangolare: STABAPPI, argilla del tipo B, (H. 4 cm; lungh. 10,5 cm).

A questo stesso periodo appartengono i bolli di STABAPPI (PAGANO 1990.171, nota n.51; CAVALIER, BRUGNONE 1986.264; STEINBY 1979.267. MINIERO 1999.63), con A e P in nesso, di cui si sono recuperati tre esemplari nell'area del *torcular* e del *lacus* vinario. Si tratta di prodotti riconducibili a uno *Stabilius* o *Stabilis Appius* di cui, forse, si conosce anche un altro schiavo officinatore: *Agathopi Appi S(ervus)* (STEINBY 1979. 267).

Anche in questo caso i bolli di *Stab Appi* sono attestati nelle città vesuviane e lungo tutta la costa campana sino a *Minturnae*, oltre che a Lipari.

3. Frammento di tegola con bollo rettangolare su due righe: MARRI / MAXIMI (fig. 129), argilla del tipo A, (H. 4 cm; lungh. 9 cm)

4. Frammento di tegola con bollo rettangolare: MARRI, argilla del tipo A, (H. 4 cm; lungh. 10,5 cm).

Si tratta dei prodotti dell'officina di *Marcus Arrius Maximus* (PAGANO 1990.173; CAVALIER, BRUGNONE 1986.201 ss.; STEINBY 1979.267; MINIERO 1999.67, n. 139) attestati con quattro marchi presenti con due varianti, tutti provenienti dall'area del triclinio: il marchio su due righe in cui sono espressi i *tria nomina* (3 ex.) e il bollo rettangolare in cui il *cognomen* è omesso (1 ex.). Tra i materiali della villa di Arianna a Stabia è presente una tegola con la terza variante in cui i *tria nomina* sono espressi su un'unica riga del bollo rettangolare: *Marrimax* (MINIERO 1999. 67, fig. 139).

Fig.131 Napoli-Ponticelli: Antefisse con palmette e testa di Gorgone, n. catalogo 1

Fig.132 Napoli-Ponticelli: Frammento di protome dionisiaca di Gronda, n. catalogo 2

Gli *Arrii* (CASTREN 1975.137, n. 38,42) sono una nota famiglia ben attastata a Capua (D'ISANTO 1993.68-70), a *Puteoli* (Cil. X. 1873), a *Volturnum* (Cil.X, 3726) e a Pompei dove *C. Arrius Secundus*, fu produttore di vino (DAY 1932.191).

Pure per questi prodotti, le attestazioni sono esattamente sovrapponibili a quelle dei bolli esaminati in precedenza.

5. Frammento di tegola con bollo rettangolare: QMVCIANTER, (fig. 130), argilla del tipo A, (H. 4 cm; lungh. 10 cm).

Il bollo QMVCIANTER(otis) è presente a Ponticelli con cinque esemplari provenienti dall'area degli ambienti n. 5 e 6. Il bollo mostra la M e la V del gentilizio in legatura così come tutte le lettere del *cognomen*.

Si tratta di un *Anteros,* schiavo di *Q. Mucius* a cui sono da riferire anche i più diffusi bolli di *Q. Muci Asclep(iadis)* (CIL, X, 8042,76). Che i due bolli possano essere frutto del lavoro della stessa officina, lo conferma l'assoluta identità paleografica della prima parte del bollo, quella riguardante il *prenomen* e il *nomen* di *Q. Mucius,* di cui sono riproposte anche le medesime legature tra la M e la V.

Si tratta comunque di un marchio poco conosciuto perché segnalato per il momento solo a Ercolano (PAGANO 1990.172).

Il fatto che i bolli attestati a Ponticelli siano capillarmente diffusi nei principali centri urbani del Golfo di Napoli e lungo due direttrici di navigazione, una diretta verso le coste settentrionali della Campania e del Lazio meridionale e l'altra verso il Tirreno meridionale, ci spinge a ipotizzare che le officine che hanno prodotto queste tegole siano da localizzare in uno o più città del cosidetto *Sinus Cumanus*.

Anzi, vista la massiccia attestazione dei bolli di *Abda, Stabilius Appius* e *Marcus Arrius* nelle necropoli di Lipari, non stupirebbe che almeno queste *figlinae* siano da considerare puteolane o più in generale flegree. È, infatti, probabile che come merce di ritorno o di accompagno, questi prodotti si siano diffusi lungo una rotta ben definita e conosciuta, sovente seguita dai convogli navali che partivano dall'emporio puteolano per dirigersi verso le coste dell'Africa settentrionale.

Com'è evidente tutti i marchi sono databili al periodo augusteo, epoca in cui la villa fu sostanzialmente ricostruita (fase 2). Da ciò, si arguisce che in occasione dei due terremoti del 62 e 64 d.C. le coperture della casa non dovettero subire danni tali da essere riparate o addirittura sostituite.

Le terrecotte architettoniche

Sergio Cascella

Are testified ten antefixes with palmette with five lobes. At the center is a Gorgon's head with strands of hair raised on his forehead and falling to the sides of the face, eyes wide open and globular, half-open mouth from which hangs the tongue (fig. 131). This antefix belongs to a type very well known. As for the spread of this terracotta similar specimens are present in Pompeii, Stabiae and Nola. It is therefore likely that these were produced nellarea the Gulf of Naples. Another fragment of architectural terracotta was found in the collapse of the entrance no. 10. It is a fragment of the eaves of which is preserved the face of a male figure (fig. 132) framed by a thick beard and a flowing hair. The eyes are globular and open wide and her mouth is shut up in an almost pathetic. The male face of this pottery belongs to a series of terracotta representing Dionysus surrounded by cupids, produced in Campania in the Augustan period and widely attested in Pompeii and Nola.

Le terrecotte architettoniche rinvenute nella villa provengono per la quasi totalità dal crollo del tetto del portico.

Antefisse

1. Antefissa con palmetta a cinque lobi, con contorno inferiore ovale. Al centro è una testa di Gorgone con ciocche di capelli rialzate sulla fronte e ricadenti ai lati del volto; occhi globulari e spalancati; bocca semiaperta da cui pende la lingua. Argilla tipo A (fig. 131).

Quest'antefissa, che è presente con dieci esemplari variamente conservati, appartiene a un tipo molto noto (MINIERO 1999.75 ss., fig.147), attestato con due variati di cui, uno è questo rinvenuto a Ponticelli e l'altro, maggiormente testimoniato a Pompei, mostra la Gorgone con la bocca serrata e un'espressione patetica (MINIERO 1999.75, nota n. 12, fig. 148).

Al pari dei prodotti laterizi esaminati in precedenza, la diffusione di queste terrecotte investe l'area vesuviana, con esemplari presenti a Pompei, Stabia - Villa di Arianna, Boscoreale[1] e l'*ager nolanus,* come dimostra un esemplare esposto nel Museo Archeologico di Nola, rinvenuto durante lo scavo di una villa romana presso S. Paolo Belsito.

È quindi verosimile ipotizzare anche per queste antefisse un'orgine campana, se non proprio dell'area napoletana.

Sfortunatamente, però nessuna fornace per la produzione di tegole o mattoni stata mai individuata o scavata in quest'area pertanto, non possiamo sapere se questi manufatti siano stati realizzati da *atelier* specializzati, oppure se, vista l'evidente identità delle argille adoperate, le fornaci per la produzione di mattoni producessero anche terrecotte architettoniche.

Gronde

2. Frammento di sima di cui si conserva il volto senile di una figura maschile (fig. 132) incorniciato da una folta barba e da una capigliatura fluente che ne incornicia il volto. I dettagli della barba e della capigliatura sono poco distinguibili, così come altri particolari che forse possono essere interpretabili con i resti di corimbi. È, invece, evidente una profonda ruga, ottenuta con un solco, che caratterizza la fronte. Gli occhi sono globosi e spalancati e le pupille sono rese con due cerchietti mentre, la bocca è serrata in un'espressione quasi patetica.

Il volto maschile di questa terracotta, eseguita con una matrice molto stanca, è attestato da un solo esemplare rinvenuto tra le macerie della parete e della tettoia che precedeva l'ingresso n. 10.

Il frammento dovrebbe appartenere a una nota serie di terrecotte rappresentanti Dioniso attorniato da eroti, prodotte in Campania in epoca augustea e ampiamente testimoniate a Pompei e Nola (PELLINO 2006; RESCIGNO 2012.55 ss., nota 50; VOLLARO 2012.87 ss.).

Vista l'unicità del reperto e considerati i resti di malta cementizia, presenti nella parte posteriore, crediamo che si tratti di un frammento delle gronde che decoravano la suddetta tettoia nella fase 2 che sarebbe stato per così dire "ritagliato" ad *hoc* in epoca posteriore e probabilmente murato a scopo decorativo, cultuale o apotropaico sul muro prospiciente gli stipiti della facciata esterna dell'ingresso 10.

---

[1] Si tratta del tipo con bocca serrata, cfr. STEFANI 2003.115.

Bolli e graffiti sull'opus doliare

Sergio Cascella

The majority of dolia has a capacity of about 500 liters with a total volume of the cella vinaria of approximately 17,000 liters of wine. The first stamp, M '.Turi (fig. 134), is iterpretabile with M(ani) Turi. The Thurii are a family well attested in the Augustan age to Teanum Sidicinum. The second stamp is Sex Cati / Festi (fig. 135). The Catii are a family of Samnite origin, introduced by Sulla in Campania. A C. Catius was IIIIvir in Nola (Cil. X. 1236), while the entrepreneurial activities of this family are documented in Pompeii, from the stamp C. Cat(i) Scith(i) (Cil. X. 8058.17). The third stamp is A. Lvccaei/ Proc(u)li. The gens Lucceia clothed in Campania considerable importance in the field of trade from the first half of the century BC and the century A.D. In fact, in the town of Rocca D'Evandro (Ce) was discovered a workshop area for the production of amphorae on which appear on many stamps of the slaves of Luccaei. In the Augustan age, some wealthy members of the gens, it is made from lavish citizens of Cuma. Finally, as part of the production of oil jars, the Luccaei the mark with stamp M. Luccei Quartionis (Cil. X 8042.10) many wine vessels found at Pompeii and in the villas of his ager. Regarding the graffiti, the most interesting is that found on a dolium of the cella olearia. It is an Oscan inscription (fig. 32) that can be interpreted in the Latin alphabet in this way: Mari (s) Milnvnis Mari (s) (f.). The first name is a romanization Oscan Maraeus / Marus, the gentilitial Milnunis, hitherto completely unknown, may have evolved from Miln-Mill-namely Millonius, and then Milonius (known noble Latin, albeit rare). It is also clear that the text does not refer to the content of dolium, but the name of its owner.

Dolia

La presenza di un rilevante numero di *dolia*, permette di fare alcune osservazioni sulla tipologia e cronologia di questi recipienti.

La maggior parte dei doli rinvenuti ha una capacità media di circa 500 litri, anche se si è riscontrata la presenza di almeno due contenitori che potrebbero arrivare a circa 700 litri, con un volume complessivo della cella vinaria di circa 17.000 litri di vino che rappresenta una produzione di tutto rispetto.

Per quel che concerne la tipologia, tutti i doli hanno presumibilmente una forma sferica e sono caratterizzati da un profilo del labbro leggermente incurvato, con rifinitura terminale ad angolo retto che conferisce all'orlo la caratteristica forma a becco di civetta (fig. 133).

Tra tutti gli esemplari non si riscontrano particolari differenziazioni nell'argilla che è rossiccia e piena d'inclusi vulcanici e per questo potremmo definirla genericamente campana.

Queste caratteristiche tipologiche non sono però utili per determinare la cronologia dei recipienti e quindi dell'impianto della cella vinaria poiché, questo tipo di contenitori, dato anche il costo molto elevato, non ha avuto grosse variazioni tipologiche nel corso dell'epoca romana per cui, una volta impiantate, queste giare erano riutilizzate per decenni o addirittura per secoli, come conferma la presenza di numerose sarciture con grappe di piombo.

Pertanto, maggiore profitto per una definizione cronologica, potrebbe venire dall'analisi degli elementi onomastici dei quattro graffiti e dei tre bolli rinvenuti[1].

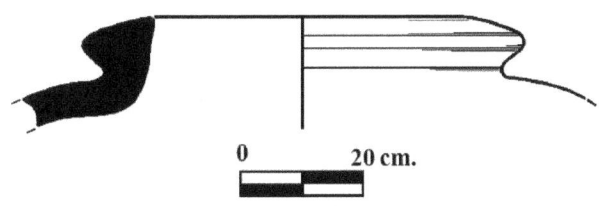

Fig.133 Napoli-Ponticelli: Profilo dell'orlo di un Dolium dalla cella vinaria

Bolli:

1. Bollo su orlo del tipo a becco di civetta; argilla tipo B; cartiglio rettangolare con lettere a bastoncelli leggermente rilevate; lettura: M'.TVRI. Rinvenuto nella cella vinaria (fig. 134): inedito, età augustea.

Sebbene il bollo sia ben leggibile, permangono alcune perplessità circa la sua interpretazione. È molto probabile che si tratti di M'.TVRI cioè *M*(ani) *Turi* con *vr* in nesso.

Il prenome è molto probabilmente *M(anius)*, reso con una M a quattro tratti, ed è relativamente frequente nell'onomastica latina e campana, piuttosto che *MI(nius)*, prenome di origine osca, rarissimo nella versione latina.

I *Turii*, probabilmente di origine umbra, sono ben attestati in Campania in particolare nella parte settentrionale della regione, dove a *Teanum Sidicinum* costituiscono un'importante famiglia di età augustea[2]. Viceversa, sono assenti a Pompei e in generale in area vesuviana, tranne che per un *C. Turius* (Cil. X 1403d) attestato a Ercolano.

---

[1] Ringrazio il Prof. G. Camodeca per la sua squisita gentilezza e per tutti i suggerimenti che ha voluto darmi.

[2] Un *C. Turius* fu *IIvir* nel 7 a.C., cfr. Camodeca 2008b.347.

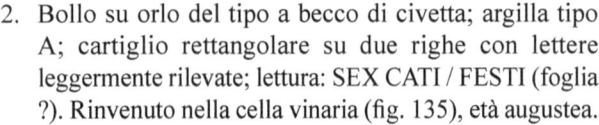

Fig.134 Napoli-Ponticelli: Orlo di dolio dalla cella vinaria, bollo M'.Turi, n. catalogo 1

Fig.135 Napoli-Ponticelli: Calco di bollo su dolio dalla cella vinaria, Sex Cati/Festi, n. catalogo 2

2. Bollo su orlo del tipo a becco di civetta; argilla tipo A; cartiglio rettangolare su due righe con lettere leggermente rilevate; lettura: SEX CATI / FESTI (foglia ?). Rinvenuto nella cella vinaria (fig. 135), età augustea.

Questo bollo fu rinvenuto da contadini in un'epoca precedente l'inizio del cantiere di scavo, ma la sua provenienza dalla cella vinaria è sicura. Per questa ragione, durante la prima campagna di scavi effettuata negli anni '80 del novecento, ne ho potuto solo eseguire un calco.

Il marchio sembra essere assente nell'area pompeiana ed ercolanese, mentre è attestato lungo il versante settentrionale del Vesuvio che gravita sull'area nolana, dove ne fu recuperato un esemplare tra le rovine della villa romana di Cupa Olivella a S. Anastasia (D'AVINO, PARMA 1981.28 ss, n. 42; DE FRANCISCIS 1975.225 ss.).

Secondo Catren (CASTREN 1975.151, n. 107), i *Catii* sono una famiglia di origine osco-sabellica, probabilmente introdotta in Campania con le deduzioni coloniarie di Silla. Un *C. Catius M. F.* fu *IIIIvir* a Nola (Cil. X. 1236) mentre, le attività imprenditoriali di questa famiglia sono documentate a Pompei (Della Corte 1954.190 ss.), dal bollo *C. Cat(i) Scith(i)* (Cil. X. 8058,17) trovato in una casa situata nella Regio IX, Ins. 3 e nel nolano dove Giuseppe Camodeca (CAMODECA 1999.538), rieditando una Tab. Herc., assai mal letta da Matteo Della Corte, legge di un *fundus Cadianus* a Nola, dove *cadianus* potrebbe essere una variante di *catianus* (CAMODECA 1999.538, nota 45).

3. Bollo su orlo del tipo a becco di civetta; argilla tipo A. Cartiglio rettangolare su due righe con lettere incavate. Lettura: A. LVCCAEI / PROC(u)LI. Rinvenuto nella cella vinaria, età augustea.

Come per il bollo precedente, anche questo fu rinvenuto da privati nell'area della cella vinaria in un'epoca precedente l'inizio del cantiere di scavo e per questa ragione ne ho potuto solo prendere nota.

È probabile la derivazione della *gens Lucceia* (CAMODECA 1982.101 ss.; p. 121) dal ceppo osco dei *Luvkies* (SIRANO 2004.171 ss.; p. 184), ma in ogni caso, i vari rami dei *Luccaei* rivestirono in Campania una notevole importanza in campo commerciale solo dalla prima metà del I sec. a.C. e per granparte del I sec. d.C.

Infatti, nell'area del comune di Rocca D'Evandro (Ce), in località "Porto di Mola", lungo il corso del Garigliano, immediatamente a nord di *Suessa*, fu scoperto un quartiere artigianale (CHIOSI, GASPERETTI 1991.121ss.) impiegato nella produzione di tegole e anfore su cui compaiono i bolli di *Manes Luc, Melii Luc, Antiocus Luccei, Mosca L. S.*, servi officinatori dei *Luccaei*.

A *Puteoli*, nell'area del *Portus Iulius,* fu ritrovato parte dello scarico di un'officina per la produzione di lucerne, riportanti il bollo *LVC* (DE CARO 1974.107 ss.) che Stefano De Caro attribuisce dubitativamente ai *Luccaei*.

In epoca augustea, alcuni facoltosi e influenti membri della *gens*, parteciparono attivamente alla diffusione del consenso politico, rendendosi particolarmente munifici presso i loro concittadini cumani.

Cn. Lucceii (CAMODECA 2010a.215 ss.), padre e figlio, restaurarono, infatti, le fontane e altre opere idrauliche (CIL, X, 3686 e 3693-4) della città (CAPALDI 2002.163 ss.) e, una *Lucceia Cn. F. Maxima*, costruì il *chalcidicum lucceianum* nel foro di Cuma (Cil. X, 3689 – AE 2005,369) (CAMODECA 2010b.47 ss.).

Nell'ambito della produzione doliare e laterizia, i *Luccaei* contrassegnano con il bollo *M. Luccei Quartionis* (Cil. X, 8042.10) molti *dolia*, rinvenuti a Pompei e nelle ville del suo agro, ma anche a Ischia e nelle immediate vicinanze del nostro sito, come quello recuperato a S. Sebastiano al Vesuvio (CERULLI IRELLI 1965.161 ss.). Inoltre, *M. Lucceius Quartio* bolla anche tegole come quelle utilizzate per il *caldarium* della villa di Messegno presso Pompei (DELLA CORTE 1923.271 ss.).

Infine, per quanto riguarda l'abbreviazione *PROC(u)LI* presente sul nostro bollo, essa compare sul bollo doliare *L. C(a)ecilius/Proc(u)li*, rinvenuto a Ostia[3].

Graffiti

1. Graffito a lettere incise *post cocturam* con uno stilo sulla spalla di un dolio rinvenuto nella cella vinaria; lettura: M.TELIVS (fig. 136).

Fig.136 Napoli-Ponticelli: Graffito su Dolio dalla cella vinaria, M.Telius, n. catalogo 1

La lettura di questo graffito sembra essere abbastanza agevole, tranne che per la I, a causa della superficie mal conservata. Ciò indicherebbe il gentilizio *Tel(l)ius*, piuttosto raro in Campania.

2. Graffito a lettere incise *ante cocturam* con una punta metallica o lignea sulla spalla di un dolio rinvenuto nella cella vinaria; lettura: SIATX (fig. 137).

3. Graffito a lettere incise *ante cocturam* con una punta metallica o lignea sulla spalla di un dolio rinvenuto nella cella vinaria; lettura: (si)ATX.

L'incisione di questi graffiti è troppa profonda, perciò è molto probabile che le lettere siano state scritte con un punzone su l'argilla ancora fresca. È altresì indubbio che queste ultime due incisioni siano due copie dello stesso testo, anche se sono oltremodo misteriosi nel significato, pur essendo chiarissimi nella lettura.

4. Graffito a lettere incise *ante cocturam* con uno strumento metallico sulla spalla di un dolio rinvenuto nella cella olearia; lettura: IQNH·ƧIHVHИIH·IQNH (fig. 32).

Fig.137 Napoli-Ponticelli: Graffito su Dolio dalla cella vinaria, Siatx, n. catalogo 2

Nel caso di quest'ultimo graffito, è evidente che si tratti di un'iscrizione in lingua osca, redatta molto accuratamente con uno stilo metallico, probabilmente *ante cocturam*.

L'iscrizione potrebbe essere così interpretata in alfabeto latino: *MARI(s) MILNVNIS MARI(s) (f.)*.

Il prenome è una latinizzazione dell'osco *Maraeus/Marus*; il gentilizio *Milnunis*, finora completamente sconosciuto, potrebbe essersi evoluto da *Miln-* a *Mill-* cioè *Millonius*, e quindi *Milonius* (noto gentilizio latino, sia pure raro)[4]. È, inoltre, chiaro che il testo non si riferisce certo al contenuto del dolio, bensì al nome del suo possessore.

Ovviamente, questa breve disamina evidenzia che tutti i *dolia* sono databili ad epoca augustea e quindi sono stati

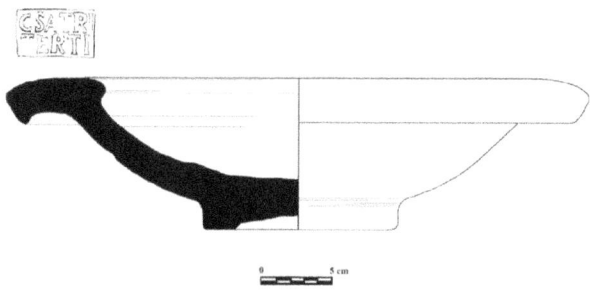

Fig.138 Napoli-Ponticelli: Mortaio con bollo, M.Satri/Terti, n. catalogo 1

---

[3] Ostia Reg. III, ins. XIV, n.3, "Magazzino dei doli".
[4] Ringrazio ancora una volta il Prof. G. Camodeca per tutti i suggerimenti che ha voluto darmi.

collocati nella cella vinaria durante la fase 2 di costruzione e utilizzo della villa.

È altrettando palese che l'iscrizione osca sul dolio della cella olearia, rimandi a un orizzonte cronologico determinabile nell'ambito della prima metà del I sec. a.C. ed è quindi riferibile alla fase 1 di vita del complesso.

Mortai

Bollo:

1. Frammento di orlo a tesa distinto e pendente pertinente a una *pelvis*. Argilla color nocciola (M 10YR 6/3), con inclusi neri di piccole e medie dimensioni; ingobbio color crema, diluito (M 7YR 8/2). Bollo in cartiglio rettangolare, redatto su due righe, posto sull'orlo; lettura: C SATRI / TERTI (fig. 139)

Nell'ambito dell'*opus doliare* rientrano anche i *mortaria* che, utilizzando un pestello di legno, erano adoperati nelle cucine delle case romane per frantumare legumi o altri alimenti secchi particolarmente duri.

Nella villa di Ponticelli questo tipo di recipienti è testimoniato da un solo frammento, trovato nell'ambiente 6, pertinente a un vaso rotto e quindi non in uso il giorno dell'eruzione.

Il marchio potrebbe essere interpretabile con *C. Satri(ni) Terti* (PALLECCHI 2002.230; 238, punzone 33.17.). I *Satrinii* sono attestati a Pompei come conferma un dolio con il bollo *C. Satrini Commvnis Mrcan*, con *m* e *r*, *a* e *n* in legatura (Cil. X, 8047.17) e le *pelvis* con i bolli *C. Sat(rini) Adses* (Cil. X, 8048.28), *C. Satrini Celeris Callistus Fecit* (Cil. X, 8048.29), *C. Satrini / Clemens F(ecit)* (Cil. X, 8048.31) e *C. Satrini / Phoeb F(ecit)* (Cil. X, 8048.32).

Tuttavia, è anche probabile che il *C. Satri Terti* riportato sul nostro frammento, sia uno schiavo officinatore della nota *gens* di origine sannitica dei *Satrii*, presente a Pompei nel periodo immediatamente precedente la conquista romana

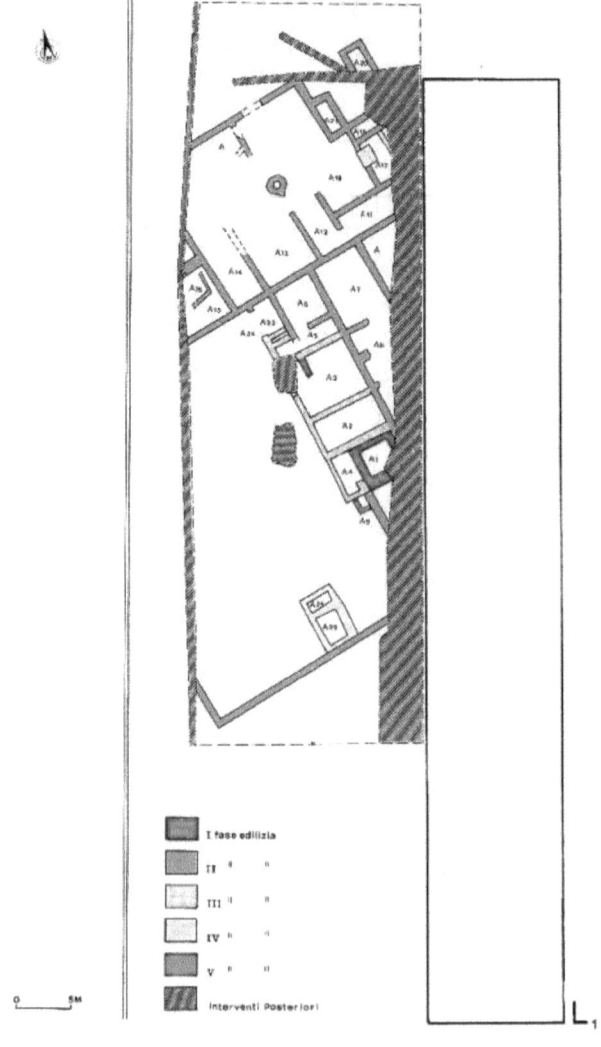

Fig.139 Napoli-Ponticelli: Planimetria della Villa Romana n.2

e che favorì il processo di romanizzazione della città (CASTREN 1975.96; 109), divenendo una delle famiglie più influenti della Pompei di epoca sillana[5].

---

[5] I *Satrii* furono, probabilmente, i possessori della Casa Del Fauno, cfr. PESANDO 1996.189 ss.

Nota sull'occupazione del sito in epoca post 79 d.C.

Sergio Cascella, Giuseppe Vecchio

Following the eruption the scenery of these places had to appear deeply changed. First of all the Vesuvius had changed his shape. The crater appeared to with the side facing the sea completely torn open and overlaid with pyroclastic materials. The north-western edge of this casting was buried below about 1,50-2,00 m of slag, the villa of C. Olius which on the plan of campaign emerged only a bulge in correspondence of which we could guess the buried remains of a building. Although the archaeological evidence of the reoccupation of this territory after 79 AD are scarce, the collected data allow to trace, in a very preliminary way, what were the post-settlement dynamics eruption along the northern slope of Mount Vesuvius and the area of the villa Ponticelli. The fact that the sediment relating to the geological catastrophe described by Pliny had a thickness scarce, certainly constituted a favorable condition for the partial restoration or even the complete reoccupation of many villas late republican period. This was evident during the exploration of a country manor in 1964 found about 2 km north of Ponticelli, near the town of St. Sebastiano al Vesuvio. The partial excavation of this site has in fact revealed that part of the house was unpaved after the eruption and reactivated for the production of wine and oil. In addition to the practice of reactivation of the sites pre AD 79, was joined also the one that involved the construction of a residential building completely from scratch because their foundations lie in the volcanic sediments in 79 AD. This is evidenced from the recent excavations at the town of Pollena where you are bringing to light the thermal plant of an imposing villa discovered in 1988 in the "Masseria De Carolis", which from the late ancient necropolis located at "via Botteghelle" in Ponticelli. Returning to the examination of archaeological evidence emerged in the area of the villa of Ponticelli, during the excavations were brought to light the remains of a large villa dating back in its early stages in the mid-the II century AD and its necropolis attests to the continuity of life of this settlement until the IV and V centuries AD.

L'aspetto dei luoghi dopo l'eruzione

All'indomani dell'eruzione lo scenario di questi luoghi doveva apparire profondamente cambiato.

Innanzitutto il Vesuvio aveva cambiato forma. Il cratere di epoca protostorica, già lacerato dalla grande esplosione della cosiddetta "Eruzione delle Pomici di Avellino", appariva ora con il fianco rivolto verso il mare ulteriormente squarciato e completamente ricoperto di materiali piroclastici: una visione che contrastava nettamente con l'aspetto rigoglioso e verdeggiante ricordato da Strabone e da Marziale[1] che la montagna aveva prima del cataclisma[2].

Un gigantesco fiume solidificato di materiali vulcanici, dal monotono colore grigiastro, aveva sepolto sotto oltre 20 m di solido fango rappreso, la città di Ercolano e le ville del suo territorio, lasciando vivo solo il ricordo di ciò che prima animava questi luoghi[3].

Il lembo nord-occidentale di questa colata aveva sepolto, sotto circa 1,50-2,00 m di scorie, la parte sud-orientale del territorio di *Neapolis* e la villa di *C. Olius* di cui, probabilmente, sul piano di campagna emergeva solo un rigonfiamento in corrispondenza del quale s'intuivano i resti di un edificio sepolto.

I dati sulla rioccupazione del territorio dopo il 79 d.C.

Gli studi sulle capacità naturali di ripristino ecobiologico delle zone devastate dall'eruzione del Mount S. Helens del 18 maggio del 1980 (KELLER 1986.307), hanno dimostrato che nel giro di pochi anni questo paesaggio lunare dovette essere ricoperto da un manto vegetale costituito da specie primarie e nel giro di tre o quattro decenni, il territorio tornò a popolarsi d'insediamenti, benché le città non siano state mai più ricostruite.

Sebbene, per le ragioni espresse nei paragrafi iniziali di questo studio, nel territorio a est di *Neapolis,* le testimonianze di questa rioccupazione siano scarse[4], i dati archeologici raccolti di recente, sono appena sufficenti per tracciare, in via del tutto preliminare, quali siano state, all'indomani dell'eruzione, le dinamiche insediative post 79 d.C. lungo il versante settentrionale del Vesuvio e nell'area di Ponticelli.

Il fatto che il sedimento geologico relativo alla catastrofe descritta da Plinio avesse uno scarso spessore, costituì certamente una condizione favorevole per il parziale ripristino o addirittura la completa rioccupazione di molte ville d'epoca tardorepubblicana.

Ciò si rese evidente durante l'esplorazione di una villa rustica rinvenuta nel 1964 a circa 2 km a nord di Ponticelli, presso il comune di S. Sebastiano al Vesuvio.

---

[1] Strab. V, 4,8; Marziale, Lib. IV. Ep. 44.
[2] Il famoso affresco del lararo della casa del centenario a Pompei rappresenta il Vesuvio sacro a Bacco e ricoperto di giardini e vigneti. Sull'aspetto che doveva avere il vulcano prima del 79 d.C. cfr. DE SIMONE 2011.291, fig. 2 e 3, nota 11.
[3] Stazio *Silv.* Liber III.

[4] Per una visione d'insieme dell'area vesuviana all'indomani del 79 d.C. cfr. PAGANO 1995-6.35 ss; SORICELLI 1997.139 ss.; SAVINO 2009.240 ss.; PERROTTA 2010.229 ss.; STEFANI 2012.143.

Lo sterro parziale di questo sito, oltre ad aver fornito una vaga idea della stratigrafia e dei resti della villa pre 79 d.C., ha rivelato almeno due fasi di rioccupazione.

La prima, di cui non sono forniti elementi cronologici, ma che forse è databile al II sec. d.C., attesterebbe la rifunzionalizzazione di parte del complesso attraverso lo sterro di alcuni ambienti che furono riconvertiti ad uso produttivo (CERULLI IRELLI 1965.173), cosa che, di per se, implica la ripresa delle attività agricole in tutta quest'area.

A una seconda fase di utilizzo, di epoca probabilmente tardoantica, paiono riferirsi invece i resti di alcune inumazioni poste, sembra, sia tra le strutture murarie, che al disopra dello strato eruttivo del 79 d.C. (CERULLI IRELLI 1965.162).

Almeno a giudicare dalla presenza di ceramica fine, databile al più presto a età domizianea rinvenuta tra le rovine emergenti di molte ville (CASCELLA 2012.223 ss.), quest'attività di riattivazione di siti anteriori all'eruzione dovette essere una pratica molto diffusa, soprattutto nell'area posta ai piedi del Monte Somma (DE SIMONE 2012.338 e ss.), meno colpita dalla ricaduta di pomici e ancor meno dai flussi piroclastici.

Parallelamente alla rioccupazione dei siti agricoli, lungo il tratto costiero, si assiste alla ricostruzione della via litoranea che collegava *Neapolis* con *Stabiae*, come testimoniano sia il rinvenimento di alcuni *miliaria* (Cil. X 6936, 6937, 6938), che la presenza del toponimo numerale *tertium* nell'area tra Barra e S. Giovanni a Teduccio (MANCINI 1989.43 ss.).

Oltre alla pratica di riattivazione dei siti pre 79 d.C., si affiancò anche quella che prevedeva la costruzione di edifici a carattere residenziale completamente *ex novo* poiché le loro fondamenta affondano nei sedimenti vulcanici del 79 d.C. Ciò è dimostrato dai recenti scavi effettuati presso il comune di Pollena dove si stà portando in luce l'impianto termale di un'imponente villa individuata nel 1988 in località "Masseria De Carolis"[5].

Un'altra testimonianza riguardante un insediamento post 79 d.C. fu individuata a circa 3 km a ovest della nostra villa, in via Botteghelle a Ponticelli. Si tratta di una necropoli, scoperta nel 1985 durante la costruzione di alcuni edifici, composta di cinquantadue tombe databili tra il IV e il V sec. d.C.

Le tombe, prive di corredo, erano collocate in ordine sparso lungo un canale d'irrigazione datato al II sec. d.C. e probabilmente afferibile ad una villa dislocata poco più a monte che, purtroppo, non è stata individuata.

Le tombe a *enchytrismòs*, costituite nella maggioranza dei casi da anfore di produzione tunisina, erano esclusivamente utilizzate per i bambini mentre, per gli adulti, si adoperarono diversi tipi di sepoltura: la tomba a cappuccina di tegole e coppi, a volte rivestiti con un tumulo di muratura, la tomba a fossa terragna, semplice e con copertura di tegole poste in piano e la tomba a cassa in muratura.

La rioccupazione dell'area della villa di *C. Olius* dopo il 79 d.C.

Ritornando all'esame delle testimonianze archeologiche emerse nel Lotto O di Ponticelli, per la complessità e l'ampiezza della documentazione scientifica prodotta e per le implicazioni storiche e archeologiche connesse, i rinvenimenti databili a dopo il 79 d.C. meriterebbero certamente di essere ampiamente trattati in uno studio specifico che in questa sede non è possibile affrontare.

Pertanto, per il momento e per completezza della documentazione, se ne daranno solo dei brevi cenni.

Accanto alla villa sepolta dall'eruzione del 79 d.C., le ricerche archeologiche intraprese durante gli anni '80, portarono alla luce i resti di una seconda villa rustica e dell'annessa necropoli. Questa costruzione, databile a epoca medio-imperiale, è collocata a circa 50-60 m di distanza dalla villa tardo-repubblicana.

Tutti i dati recuperati lasciano ipotizzare che, all'indomani dell'eruzione, le rovine della villa di *C. Olius Ampliatus* fossero perfettamente riconoscibili. Infatti, la giacitura planimetrica assunta dalla nuova villa è esattamente coerente sia con gli orientamenti catastali più antichi, che con le strutture murarie sepolte dall'eruzione (fig. 2).

Proprio per questo, e in analogia con le evidenze archeologiche citate in precedenza, ci si sarebbe aspettato anche in questo caso, una qualche forma di riattivazione o di riutilizzo delle costruzioni precedenti.

Invece, lo scavo ha palesato che non fu intrapreso alcun tentativo di ripristino della villa sepolta che, anzi, fu sistematicamente aggirata sia dalle costruzioni posteriori, che da tutte le sepolture che vi furono sistemate intorno, sino a epoca tardoantica.

La villa d'età medio imperiale

Lo scavo della villa rustica n. 2 (PAGANO 1995.41, n.52) ha svelato un edificio a pianta quadrangolare (fig. 139), che si estendeva su una superficie di almeno 2000 mq e che si sviluppò in più fasi edilizie, dalla metà del II sec. d.C. sino alla prima metà del V sec. d.C.

Le strutture murarie, in opera mista di laterizio e reticolato, purtroppo poco conservate, formano due blocchi disposti a L, lungo i lati est e nord di una corte rettangolare. Nel settore sud-est dell'edificio vi era la *pars urbana*, sviluppata

---

[5] MARTUCCI *et alii* 2012.87 ss.; DE SIMONE *et alii* 2011-2012.1 95 ss.; PERROTTA *et alii* 2010.189 ss.; DE SIMONE 2009a.191 ss.; DE SIMONE *et alii* 2009b.153 ss.; DE SIMONE *et alii* 2009c.53 ss.; DE SIMONE 2008.329 ss.

con una planimetria distribuita su due assi che corrono in direzione nord-ovest/sud-est e sud-est/nord-ovest.

Gli ambienti sono architettonicamente concepiti come un blocco separato dal resto della villa al quale si accedeva, probabilmente, solo dalla corte.

Alla parte padronale della casa appartiene l'ambiente A3 pavimentato con un mosaico a tessere bianche e nere. La decorazione comprendeva un fuori campo tangente alle pareti, costituito da tessere bianche disposte a 45° e un campo centrale, delimitato da una fascia di tre tessere nere, decorato con un complesso girale floreale gravitante su un *emblema* centrale che non è conservato (fig. 140).

A quest'ambiente si affianca, sul lato sud, l'ambiente A2, con pavimento in cocciopesto, legato forse funzionalmente al primo, di cui poteva costituire uno dei locali di servizio. Gli altri ambienti (A1, A4, A5, A6, A7; A10 e A23) furono in granparte spoliati dei rivestimenti sicchè, oggi, è molto difficile ricostruirne con certezza la funzione originaria.

Si accedeva alla *pars rustica* da alcuni passaggi nel muro perimetrale esterno, probabilmente dal lato nord della corte. La parte produttiva comprendeva un impianto per la lavorazione di prodotti agricoli (torchio? ambienti A17 e A18), infrastrutture per il rifornimento idrico (pozzo e vasca A13), opere in terra forse connesse con attività produttive (A11) e alloggi per la manodopera (A19-A21), costruiti con criteri di rigida economia.

Lo spessore dei muri e la presenza di contrafforti in questo settore fanno supporre una disposizione su due piani. Non è improbabile, quindi, che la *pars urbana* si sviluppasse anche al piano superiore, giacché così limitata appare la sua estensione al piano terra.

La necropoli

L'ampliamento dello scavo nelle aree circostanti la villa n.2 ha portato alla scoperta di un buon numero di tombe disposte a corona attorno a questa costruzione (fig. 2.).

Le tombe, che sono state ricavate incidendo il banco di ceneri e lapilli del 79 d.C., sono in totale trentacinque, di cui dodici con corredo, quattordici del tipo a *enchytrismòs*, cinque a fossa terragna, quattro a cappuccina con tegole poste a spioventi.

Le tombe più antiche sono orientate nord-sud e occupano la zona a meridione della villa (fig.2.3), le più tarde, invece, sono disposte secondo l'asse est-ovest e furono distribuite progressivamente verso oriente (fig.2.4).

Tomba 185

Tomba a cappuccina a sezione triangolare, orientata est-ovest (Lungh. 1,80 m; largh. 60 cm). La copertura era formata da due file di quattro tegole poste a spioventi,

Fig.140 Napoli-Ponticelli: Villa n. 2, Ambiente A3, Planimetria e rilievo della pavimentazione

coperte sul colmo da quattro coppi; le testate erano chiuse da una tegola ciascuna. Le tegole e i coppi erano legati da una malta molto terrosa. All'interno, il defunto era posto in posizione supina, con cranio a ovest e avambracci flessi e incrociati sul bacino. All'interno della bocca si è trovato un asse di bronzo mentre, ai piedi del defunto, era posto il corredo composto di tre oggetti (fig. 141).

1. Asse

Bronzo (Diam. 25 mm; gr. 9,8).

D/ IMP CAES M AVREL ANTONINVS AVG P M; testa di Marco Aurelio laureata a destra.

R/ CONCORD AVGVSTOR TR P XV; In esergo COS III; S C a sinistra e a destra delle figure di Marco Aurelio e Lucio Vero, togati e stanti a sinistra e a destra rispettivamente. I due personaggi si stringono le mani destre e impugnano un rotolo con la mano sinistra (RIC. III, 1930. 277, n. 801).

Anno 161 d.C. (fig. 142)

2. Coppa

Coppa in Terra Sigillata Africana A1 (fig. 143), forma Hayes 7a (CARANDINI, TORTORELLA 1981.25 ss., tav. XIV, n. 1-2), leggermente carenata, con orlo ingrossato e piede ad anello. Una scanalatura a metà della parete delimita in basso la decorazione a rotella

The villa rustica of C. Olius Ampliatus

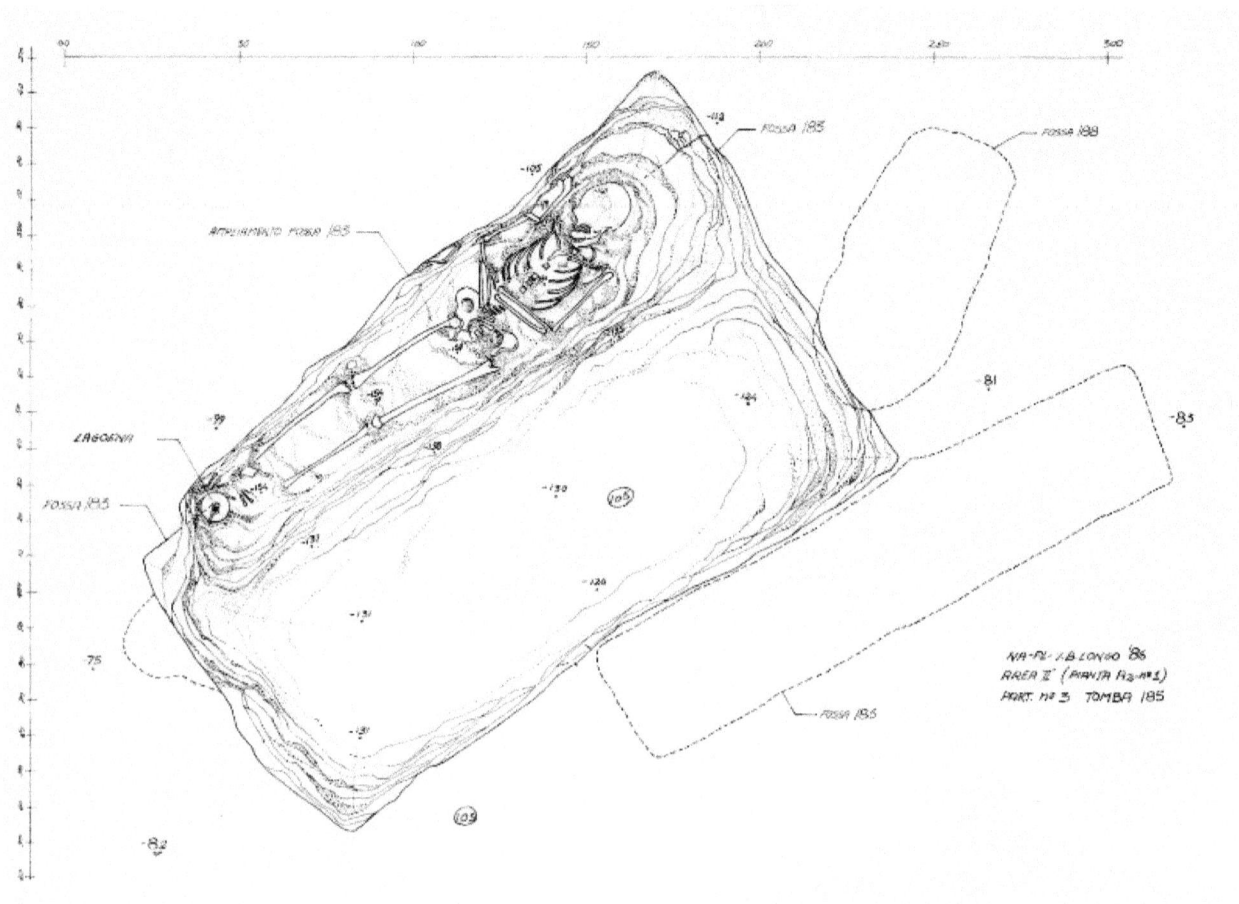

Fig.141 Napoli-Ponticelli: Necropoli, Tomba n. 185

Fig.142 Napoli-Ponticelli: Necropoli, Tomba n. 185, Asse di Marco Aurelio

Fig.143 Napoli-Ponticelli: Necropoli, Tomba n. 185, Coppa di Terra Sigillata Africana A1

Fig.144 Napoli-Ponticelli: Necropoli, Tomba n. 185, Olla di Ceramica Comune

Fig.145 Napoli-Ponticelli: Necropoli, Tomba n. 185, Lagoena di Vetro

posta sotto l'orlo. Ricomposta da più frammenti; (H. 12 cm; diam. 24 cm). N. inv. 222205.

3. Olla

Olletta in ceramica comune, acroma (fig. 144). Corpo globulare, rastremato verso il piccolo piede indistinto e piatto. L'orlo è distinto, leggermente ingrossato; la parete è solcata da evidenti linee di tornio; argilla rosata (M 5YR 8/8), abbastanza depurata con inclusi bianchi e neri minuti; ingobbio molto diluito color arancio molto pallido (M 5YR 7/8). Integra; (H. 8 cm; diam. 6,5 cm). N. inv. 222209.

4. Lagoena

Fiaschetta monoansata di vetro azzurrino trasparente (fig. 145). Orlo distinto con beccuccio; ansa a nastro costolata; fondo piatto, leggermente concavo nella parte centrale. Ricomposta da molti frammenti; (H. 12 cm; diam. Pancia 9 cm). N. inv. 222207.

La presenza dell'asse bronzeo di Marco Aurelio, della coppa in Terra Sigillata Africana, la cui forma è attestata in tutti i contesti della metà del II sec. d.C. e della *lagoena* in vetro, forma già ampiamente presente nei siti vesuviani di epoca precedente (CALVI 1968.63, n. 156), concorrono a identificare nel defunto deposto in questa tomba uno dei primi abitanti che rioccuparono l'area dopo il 79 d.C.

Pertanto, la datazione di questa sepoltura, associata a quella dei materiali provenienti dagli strati di frequentazione più antichi rinvenuti tra le strutture della seconda villa, spinge a ipotizzare che l'insediamento agricolo sia stato costruito al più tardi tra l'epoca traianea e quell'adrianea, con una maggiore propensione per quest'ultimo periodo.

Altrettanto interesse suscita l'analisi delle sepolture più tarde per la presenza di alcuni oggetti di corredo che gettano un raggio di luce sul tipo di materiali circolanti in quest'area tra la fine del IV e il V sec. d.C.

Tomba 525

Tomba a *enchytrismòs* costituita da un'anfora di produzione tunisina del tipo Africana II c[6] (fig. 146), orientata est-ovest (Lungh. 1,20 m). All'interno, era deposto il corpicino di un infante di circa due anni, con il capo volto verso ovest. All'esterno dell'anfora, ma all'interno del taglio della fossa, si sono rinvenuti due vasetti di corredo.

1. Brocchetta

Brocchetta dal corpo globulare, rastremato verso il basso, terminante con un fondo piatto; corto collo cilindrico, leggermente svasato, terminante con un orlo distinto e ingrossato; anse a orecchio a sezione ovale

---

[6] Si tratta del tipo Keay IV-VII, cfr. KEAY 1984; BONIFAY 2004.107, figg. 57-61.

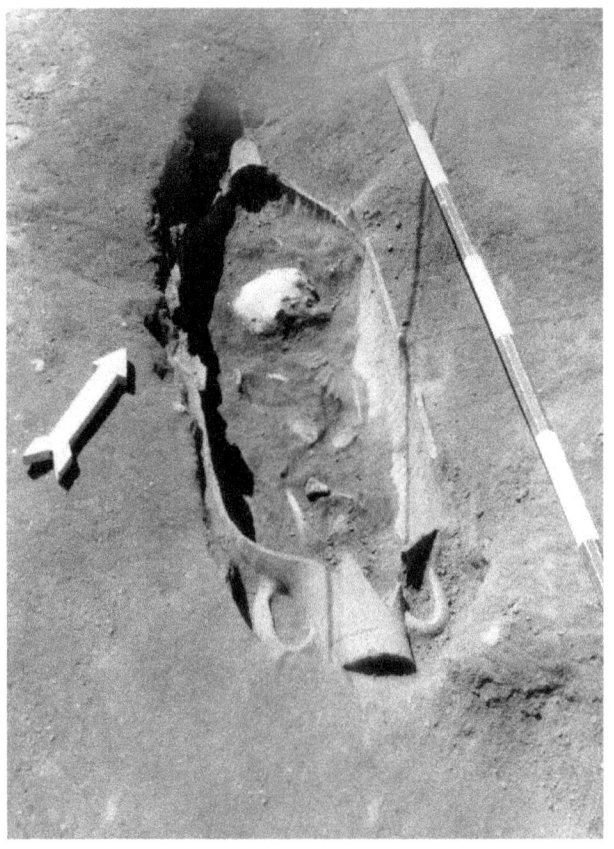

Fig.146 Napoli-Ponticelli: Necropoli, Tomba n. 525

Fig.147 Napoli-Ponticelli: Necropoli, Tomba n. 525, Brocca

(fig. 147). L'argilla è rosata (M 5YR 8/8), con inclusi bianchi e neri minuti; ingobbio arancio scuro (M 2.5YR 6/8), quasi rossiccio, facilmente scrostabile. (H. 18 cm; diam. orlo 6,5 cm). N. inv. 222211.

2. Olletta

Olletta monoansata dal corpo globulare su cui s'imposta l'orlo distinto e leggermente ingrossato (fig. 148). L'argilla e l'ingubbiatura sono del tutto simili all'esemplare precedente, anche se la vernice sembra essere leggermente vetrificata. (H. 11 cm; diam. orlo 6 cm). N. inv. 222210.

Si tratta di materiali che datano questa tomba alla fine del IV sec. d.C., ma per i quali si hanno, purtroppo, pochi confronti. Tuttavia, a una prima analisi, sembra che le caratteristiche dell'argilla e dell'ingubbiatura di questi boccalini non trovino paralleli con le peculiarità dei materiali scoperti durante lo scavo del complesso archeologico di Carminiello ai Mannesi a Napoli, fatto, questo, che per esclusione, potrebbe datare questi materiali antecendentemente al V sec. d.C.

È, invece, possibile accostare la brocchetta n. 1 con un esemplare della fine del IV sec. d.C. proveniente dal complesso conventuale dei Girolamini (TONIOLO 2012. 246, fig. 3, n. 22) e, più in generale, con alcuni frammenti

Fig.148 Napoli-Ponticelli: Necropoli, Tomba n. 525, Olla

Sergio Cascella, Giuseppe Vecchio: Nota sull'occupazione del sito in epoca post 79 d.c.

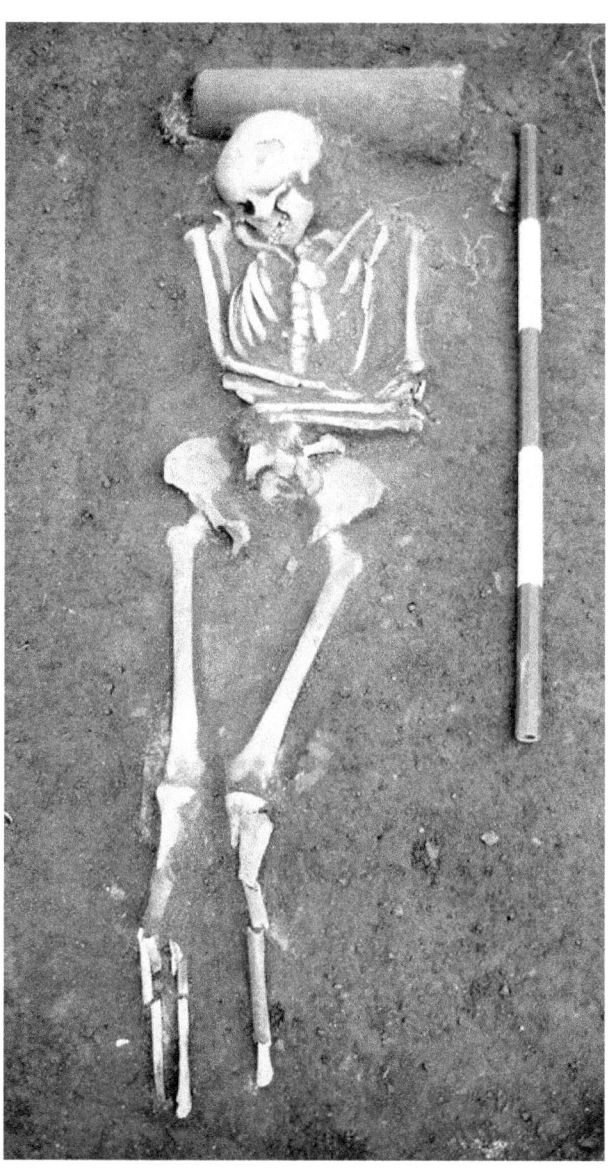

Fig.149 Napoli-Ponticelli: Necropoli, Tomba n. 530

dalla villa romana in corso di scavo presso Masseria de Carolis a Pollena (C. S. MARTUCCI *et alii* 2012.93 ss., tav.1, fig. n. 7).

L'olletta n.2 trova anch'essa un confronto tipologico abbastanza calzante con un vasetto proveniente da un contesto della fine del IV sec. d.C., recuperato in una fattoria tardo-antica dell'*ager Lucerinus*[7]. Sebbene questo vaso mostri un profilo leggermente più slanciato, sia l'attaccatura dell'ansa, impostata poco sotto l'orlo, che la forma stessa del bordo, sono del tutto uguali all'esemplare recuperato a Ponticelli. Ciò dimostra l'appartenenza di questi boccalini a una tipolgia di ceramica di uso comune ben strutturata, ma ancora tutta da studiare e individuare, che travalica le diverse produzioni regionali.

---

[7] PACILIO 2012.42, fig. 16.

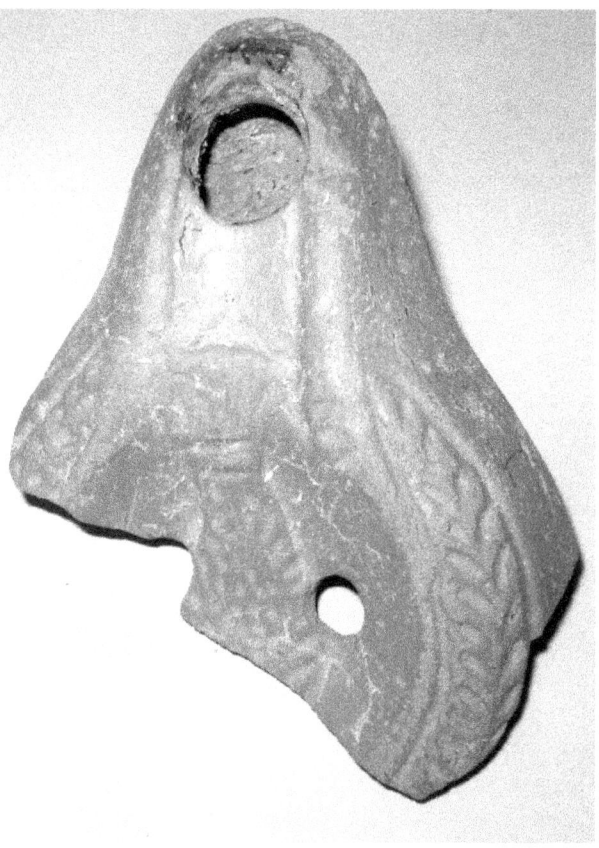

Fig.150 Napoli-Ponticelli: Necropoli, Tomba n. 530, Lucerna africana frammentaria

Tomba 530

Tomba a cappuccina a sezione triangolare, orientata est-ovest (Lungh. 1,85 m; largh. 80 cm). La copertura era formata da due file di quattro tegole poste a spiovente. All'interno, il defunto era posto in posizione supina, con cranio girato a ovest e appoggiato su un coppo a mo' di cuscino, gli avambracci erano, invece, incrociati sull'addome (fig. 150). Ai piedi del defunto, era posto il corredo formato da una lucerna frammentata ritualmente.

1. Lucerna

Lucerna in Terra Sigillata Africana di cui si conserva solo la metà anteriore (fig. 151); l'argilla è di colore rosso-arancio (M 2.5YR 5/8), depurata, con piccoli inclusi micacei; l'ingobbio è di colore arancio (M 2.5YR 4/8), lucente, annerito in prossimità del becco. La spalla è decorata con un motivo a tratti obliqui riproducenti un ramo di palma stilizzato (GARCEA 1994.314, fig. 35b lettera O2). Al centro del disco è conservata la metà posteriore di un pesce e uno dei due fori del serbatorio (lugh. cons. 8 cm). N. Inv. 222204.

La lucerna, probabilmente prodotta nella Byzacena e appartenente al tipo Atlante X A, gruppo C (ANSELMINO,

Fig.151 Napoli: Eruzione del Vesuvio del 18 Marzo 1944

TAVOLINI 1981.200), daterebbe la sepoltura alla metà del V sec. d.C., rappresentando, per questo, una delle ultime deposizioni effettuate nella necropoli il cui uso sembra estinguersi proprio in quest'epoca, così come l'adiacente villa, i cui materiali ceramici rinvenuti negli strati di abbandono, sembrano avere la stessa datazione.

Conclusioni

Sergio Cascella, Giuseppe Vecchio

The archaeological site is located in the district "Ponticelli" which forms the eastern outskirts of Naples. Specifically, the Roman villa is located between "Via della Villa Romana" and "Via Decio Mure". Today the neighborhood is characterized by a large conurbation developed after the earthquake of 1980 that has seriously damaged Naples. But what is puzzling is that the new neighborhood is situated right in that area during the last eruption of Mount Vesuvius in 1944 he suffered very severe damage. The hope is that the public opening of the site as an opportunity for cultural growth for the local community and the reappropriation of the historical memory of a territory too often abandoned.

Dal punto di vista archeologico, la determinazione cronologica delle fasi d'impianto, uso e abbandono delle due ville romane individuate nel Lotto O di Ponticelli, comporta qualche incertezza.

Lo studio delle strutture, delle stratigrafie e dei materiali non consente, infatti, ancora una datazione precisa per ciò che riguarda l'impianto della villa di *C. Olius* mentre, la fine traumatica della vita di questo sito è ovviamente chiara e analizzabile in tutte le sue parti.

Analogamente, non sono ancora sufficientemente chiare le prime fasi di vita della villa n. 2. Infatti, il notevole grado di distruzione e di disturbo delle stratigrafie in cui è stato trovato il sito al momento dello scavo, non ha consentito di recuperare dati sufficienti in tal senso, se non appurare che le fondazioni dell'edificio sono state gettate nel e sopra il deposito eruttivo del 79 d.C., fatto che di per sé, costituisce il *terminus post quem* per l'impianto della struttura.

A tal proposito, sono di maggiore aiuto i dati provenienti dall'analisi dei corredi delle sepolture più antiche disposte intorno a quest'ultimo insediamento che daterebbero l'inizio della frequentazione a epoca tardo traianea o adrianea.

Allo stesso modo, è molto difficile determinare una cronologia per le fasi di abbandono di questo sito che, in base ai corredi delle sepolture più tarde, dovrebbero essere datate tra la fine del IV e la metà del V d.C.

Ciò autorizzerebbe a supporre che la villa n. 2 doveva essere abbandonata o in fase di avanzata defunzionalizzazione quando tutta quest'area fu investita dai prodotti della famosa eruzione vesuviana di Pollena (472 d.C.). Purtroppo, vista la quasi completa asportazione dei livelli tardo-antichi e alto-medievali avvenuta durante le operazioni d'impianto del cantiere edile, non siamo in grado di stabilire se e come i prodotti di quest'eruzione abbiano coperto questo territorio, né quale impatto abbiano avuto sugli insediamenti.

Dal punto di vista della cultura materiale, le ceramiche in uso al momento dell'eruzione del 79 d.C. e gli altri oggetti recuperati durante lo scavo della villa di *C. Olius Ampliatus*, rientrano pienamente nel campionario dell'*istrumentum domesticum* in uso nelle città campane d'età flavia.

Ugualmente, i materiali ceramici, anforici e gli utensili recuperati durante lo scavo della villa n.2 e della relativa necropoli, sono conformi a quelli circolanti in altri siti campani dello stesso periodo[1].

Tuttavia, tra tutti i materiali, i boccalini deposti come corredo delle sepolture più tarde, risaltano non tanto per la loro manifattura e tipologia che, come si è evidenziato, sembra rientrare nelle produzioni locali di uso comune, ma perché essi attestano, ancora in quest'epoca, un uso funerario del corredo ceramico legato indubbiamente a un'epoca e a una cultura precedente.

Ciò s'è evidenziato anche nella vicina necropoli tardo-antica di Via Botteghelle. In questo sepolcreto, infatti, alcuni boccalini, molto simili, erano stati deposti come corredo degli infanti insieme a un uovo, quale simbolo di rinascita. Tale pratica di sicura ascendenza orfica, è attestata anche in ambito pugliese, in epoca longobarda, come dimostra il rinvenimento di un guscio d'uovo all'interno di una sepoltura d'infante databile tra il VI e il VII sec. d.C.[2].

Concludendo, la speranza è che l'apertura al pubblico della villa di *C. Olius Ampliatus* possa costituire per la comunità locale un'occasione di crescita culturale e di riappropriazione della memoria storica di un territorio e di una comunità che è stata troppo spesso abbandonata.

Negli ultimi anni s'è sperato, infatti, di riqualificare l'intera zona con la costruzione dell'Ospedale del Mare: il più grande complesso sanitario del mezzogiorno d'Italia, nel desiderio che questo polo ospedaliero potesse favorire un indotto economico tale da innescare un processo di risanamento di tutto il quartiere.

Ciò che però lascia basiti, è che anche in quest'occasione si è voluto ignorare l'ingombrante presenza dello "*Sterminator Vesevo*" di leopardiana memoria tanto che, recentemente, si è incluso questo importante complesso sanitario nella

---

[1] In questo senso è ancora tutto da stabilire se e quale ruolo abbia avuto il corso del Sebeto come via di penetrazine commerciale interna verso il versante settentrionale del Vesuvio, specialmente per il periodo tardo-antico.
[2] D'ANGELA, VOLPE 1991.817

cosidetta "Zona Rossa" soggetta a evacuazione immediata in caso di risvegno del vulcano.

In questo senso è sconcertante che quantunque sin dagli anni ottanta i rinvenimenti archeologici oggetto di questo studio, testimoniassero i tragici avvenimenti che nel 79 d.C., si sia continuato a costruire indisciplinatamente, senza alcuna forma d'inquietudine per la pubblica incolumità, anche se, la memoria storica recente avrebbe dovuto insegnare qualcosa.

Molti testimoni, infatti, ancora ricordano ciò che è accaduto in quest'area nel marzo del 1944 (fig. 152) quando, durante l'ultima eruzione, la furia del Vesuvio si abbatté sul confinante paese di S. Sebastiano al Vesuvio, dove il vulcano mieté morte e distruzione.

Abbreviazioni Bibliografiche

Amoenitas
   Rivista Internazionale di Studi Miscellanei sulla Villa Romana Antica
ArcClass
   Archeologia Classica, Rivista della Scuola nazionale di Archeologia, Roma
BAR
   British Archaeological Reports - International Series
BSR
   British School at Rome
Bull.Arch.du Comité
   Bulletin Archéologique du Comité des Travaux Historiques et Scientifiques
Bull. Volcanol.
   Bullettin of Vulcanology
CIL
   Th.Mommsen, Corpus Inscriptiones Latinarum, Berlín 1883
Cron.Ercol.
   Cronache Ercolanesi. Bollettino del Centro internazionale per lo studio dei papiri ercolanesi - Napoli
EOS
   Eos: Rivista settimanale di geofisica della American Geophysical Union
Epigraphica
   Epigraphica: rivista italiana di epigrafia
J. Volcanol. Geoth. Res.
   Journal of Volcanology and Geothermal Research
YCS
   Yale Classical Studies
Kokalos
   Kokalos: Studi pubblicati dall'Istituto di Storia Antica dell'Università di Palermo Rivista fondata da Eugenio Manni

MonAnt
   Monumenti antichi pubblicati per cura della Reale Accademia dei Lincei - Milano
MEFRA
   Mélanges d'Archéologie et d'Histoire de l'École Française de Rome
MEFR
   Mélanges de l'Ecole française de Rome. Moyen-Age, Temps modernes
NSA
   Notizie degli scavi di antichità - Roma
Nat. Geogr. Res.
   National Geographic Research. Publisher National Geographic Society (U.S.)
Opus
   Opus. Rivista internazionale per la storia economica e sociale dell'antichità
RANap
   Rendiconti dell'Accademia di Archeologia, Lettere e Belle Arti di Napoli
RCRF Acta
   Rei Cretariae Romane Fautorum Acta
Rend. Soc. It. Mineral. Petrol.
   Rendiconti della Società Italiana di Mineralogia e Petrologia
Rev.Arch.Narbonnaise
   Revue Archeologique de Narbonnaise
RIASA
   RIASA: Rivista dell'Istituto Nazionale d'Archeologia e Storia dell'Arte
Roma
   Rivista di Studi e di Vita Romana
RStPomp
   Rivista di studi pompeiani

PASQUI 1876
   A. PASQUI, *Villa di L. Cecilio Giocondo (Pisanella)*, in *NSA*.1876, pp.196 ss.
COHEN 1880-1892
   H. COHEN, *Description Historique des monnaies frappées sous l'Empire Romain*. Deuxiéme edition, Paris, 1880-1892.
PASQUI 1897
   A. PASQUI, *La villa pompeiana della Pisanella presso Boscoreale*, in *MonAnt*, 1897, pp.397 ss.
CHASE 1908
   G. H. CHASE, *The Loeb Collection of Arretine pottery catalogued, with introduction and descriptive notes*, New York 1908.

MATTINGLY 1908
   H. MATTINGLY, *Coins of the Roman Empire in the British Museum,* vol. 2, London 1908.
CHASE 1916
   G. H. CHASE, *Museum of fine art, Boston. Catalogue of Arretine pottery*, New York 1916.
LOESCHCKE 1919
   S. LOESCHCKE, *Lampen aus Vindonissa. Ein Beitrag zur Geschichte von Vindonissa und des antiken Beleuchtungswessen.* Zürich 1919.
DELLA CORTE 1921
   M. DELLA CORTE, *La villa rustica di N. Popidius Florus*, in *NSA* 1921, pp. 442 ss.
GIGLIOLI 1922
   G. C. GIGLIOLI, *Ponticelli, Necropoli del III sec. a.C.,*

in località Purgatorio, in *NSA* 1922, pp. 257 ss.
DELLA CORTE 1923
  M. DELLA CORTE, *Villa del fondo Matrone*, in *NSA* 1923, pp.280 ss.
RIC. II 1926
  H. MATTINGLY, E. A. SYDENHAM, *Roman Imperial Coniage,* vol.II, London 1926.
RIC. III 1930
  H. MATTINGLY, E. A. SYDENHAM, *The Roman Imperial Coinage, vol. III,* London *1930.*
MAIURI 1931
  A. MAIURI, *La villa dei Misteri*, Roma, 1931
DAY 1932
  J. DAY, *Agriculture in life Pompeii*, in *YCS*, Vol. 3, 1932.
JACONO 1941
  L. JACONO, *Torcular olearium,* in *Roma XIX,* 1941, pp.1 e ss.
DELLA CORTE 1954
  M. DELLA CORTE, *Case ed abitanti di Pompei*, Napoli 1954.
STENICO 1954
  A. STENICO, *Matrici a placca per applicazioni di vasi arretini* in *ArcClass 6*, 1954, pp. 43 ss.
CERULLI IRELLI 1965
  G. CERULLI IRELLI, *S. Sebastiano al Vesuvio. Villa rustica romana*, in *NSA* 1965, suppl. pp. 161 ss.
DOLLFUS 1967
  M. A. DOLLFUS, *Les cachets de bronze romains,* in *Bull.Arch.du Comité*, n.s. 3, 1967, pp. 117 ss.
CALVI 1968
  M. C. CALVI, *I vetri romani di Aquileia*, Padova 1968.
GOUDINEAU 1970
  CH. GOUDINEAU, *Note sur la ceramique a engobe rouge interne Rouge Pompeien (Pompejanish-Roten Platten),* in *MEFRA* 82, 1970, pp. 159 ss.
D'AMBROSIO 1972
  A. D'AMBROSIO, *Una Villa Rustica a Qualiano*, in *RANap 47*, 1972, pp. 319 ss.
DE CARO 1974
  S. *DE CARO, Le lucerne dell'officina L.V.C.*, in *RANap 49*, 1974, pp. 107 ss.
CASTREN 1975
  P. CASTREN, *Ordo Populusque Pompeianus - Polity and society in roman period*, Roma 1975
DE BOC 1975
  G. DE BOC, *Villa romana in località Porta Crusta*, in *NSA* 1975, pp. 516 ss.
DE FRANCISCIS 1975
  A. DE FRANCISCIS, *Un monumento sepolcrale ed altre antichità a S. Anastasia (Napoli)*, in *RANap 49*, 1975, pp. 225 ss.
PUCCI 1975
  G. PUCCI, *Cumanae testae*, in *La Parola del Passato*, 30, CLXN 1975, pp. 368 ss.
BISI 1977
  A. M. BISI INGRASSIA, *Le lucerne fittili dei nuovi scavi di Ercolano,*in *L'instrumentum domesticum di Ercolano e Pompei nella prima età imperiale, Quaderni di cultura materiale* 1, Roma, 1977, pp. 73 ss.

CARANDINI 1977
  A. CARANDINI, *La ceramica a pareti sottili di Pompei e del museo nazionale di Napoli*, in *L'instrumentum domesticum di Ercolano e Pompei nella prima età imperiale, Quaderni di cultura materiale* 1, Roma, 1977, pp. 25 ss.
CERULLI IRELLI 1977
  G. *CERULLI* IRELLI, *Officine di lucerne fittili a Pompei*, in *L'instrumentum domesticum di Ercolano e Pompei nella prima età imperiale, Quaderni di cultura materiale* 1, Roma, 1977, pp. 53 ss.
MANACORDA 1977
  D. MANACORDA, *Anfore spagnole a Pompei*, in *L'instrumentum domesticum di Ercolano e Pompei nella prima età imperiale, Quaderni di cultura materiale* 1, Roma, 1977, pp. 121 ss.
PANELLA, FANO 1977
  C. PANELLA, M. FANO, *Le anfore con anse bifide conservate a Pompei contributo ad una loro classificazione* in *Méthodes classiques et méthodes formelles dans l'*étude *typologique des amphores. Actes du colloque de Rome, 27-29 mai 1974,* Roma 1977, pp. 33 ss.
PUCCI 1977
  G. PUCCI, *Le terre sigillate italiche, galliche e orientali*, in *L'instrumentum domesticum di Ercolano e Pompei nella prima età imperiale, Quaderni di cultura materiale* 1, Roma 1977, pp. 9 ss.
DELIBRIAS 1979
  G. DELIBRIAS, *La storia del complesso eruttivo Somma-Vesuvio ricostruita dalle successioni piroclastiche del Monte Somma*, 1979, In *Rend. Soc. It. Mineral. Petrol.* 35, pp. 411 ss.
DE VOS 1979
  M. DE VOS, *Pavimenti e Mosaici*, in Pompei 79 *(a cura di F. Zevi)*, Napoli 1979, pp.161 ss.
POMPEIANA SUPELLEX 1979
  *Pompeiana Supellex: Objects of Everyday Life in the City Destroyed by Vesuvius***,** Ontario Science Centre, **Toronto 1979.**
SCHERILLO 1979
  A. SCHERILLO, *Il Vesuvio prima e dopo Plinio. Atti del Convegno Internazionale "La regione sotterrata dal Vesuvio studi e prospettive"* Napoli 11-15 settembre 1979
STEINBY 1979
  M. STEINBY, *La produzione laterizia*, in *Pompei 79 (a cura di F. ZEVI)*, Napoli 1979, pp. 265 ss.
BARBERI 1980
  F. BARBERI, *Metamorphic carbonate ejecta from Vesuvius plinian eruptions: evidence of the occurrence of shallow magma chambers,* in *Bull. Volcanol.* 1980, pp. 43 ss.
BRAGANTINI 1981
  I. BRAGANTINI, *Pitture e pavimenti di Pompei*, Roma 1981 (Casa di *Olius Primus*, VI-6), p. 644.
CARANDINI, TORTORELLA 1981
  A. CARANDINI, S. TORTORELLA, *Terra Sigillata: Produzione A,* in *Atlante delle forme Ceramiche,*

ceramica fine romana nel bacino mediterraneo (Medio e Tardo Impero), vol. I, Enciclopedia dell'Arte Antica Classica e Orientale, 1981, pp. 19 ss.

ANSELMINO, TAVOLINI 1981
L. ANSELMINO, C. TAVOLINI, *Terra Sigillata: lucerne*, in *Atlante delle forme ceramiche*, I, *Ceramica fine romana nel bacino lucerne in ceramica dell'africa romana*, Roma 1981, pp. 184 ss.

D'AVINO, PARMA 1981
R. D'AVINO, A. PARMA, *Una villa rustica romana in località cupa olivella a S. Anastasia*, in *II Convegno Gruppi Archeologici Di Campania*, Napoli 1981, pp. 28 ss.

CAMODECA 1982
G. CAMODECA, *Italia: regio I (Campania, esclusa la zona di Capua e Cales), II (Apulia et Calabria), III (Lucania et Bruttii)*, in *Epigrafia e ordine senatorio* 2, Roma 1982, pp. 101 ss.

MIRAGLIA 1983-4
G. MIRAGLIA, *Pareti Sottili*, in F. GARCEA, G. MIRAGLIA, G. SORICELLI, *Uno scarico di materiale ceramico di età adrianeo-antonina da Cratere Senga (Pozzuoli)*, in *PVTEOLI Studi di Storia Antica*, vol. VII-VIII, Pozzuoli 1983-4, pp. 245 ss.

KOCKEL 1983
V. KOCKEL, *Die Grabbauten vor dem Herkulaner Tor in Pompeji*, Rhein 1983.

ROSI, SANTACROCE 1983
M. ROSI, R. SANTACROCE, *The A.D. 472 'Pollena' eruption: volcanological and petrological data for this poorly-known, Plinian-type event at Vesuvius*, 1983, *J. Volcanol. Geoth. Res.* 17, p.271

SANTACROCE 1983
R. SANTACROCE, *A general model for the behavior of the Somma Vesuvius volcanic complex*, 1983, *J. Volcanol. Geoth. Res.* 17, pp. 237 ss.

BUONOCORE 1984
M. BUONOCORE, *Signacula nel Museo Profano della Biblioteca Apostolica Vaticana*, in *Epigraphica XLVI*, 1984, pp. 158 ss.

KEAY 1984
S. J. KEAY, *Late Roman amphorae in the western Mediterranean, a tipology and economic study: the catalan evidence*, in: *BAR, International Series*, 196, 1984.

CANTILENA 1985
R. CANTILENA, *Aspetti delle attività economiche La Monetazione*, in *Napoli Antica*, Napoli 1985, p. 352 ss.

COTTON 1985
M. A. COTTON, G. P. R. METREAUX, *The San Rocco villa at Francolise*, BSR, Roma *1985.*

GIAMPAOLA 1985
D. GIAMPAOLA, *Ponticelli*, in *Napoli Antica*, Napoli 1985, pp. 302 ss.

KOLENDO 1985
J. KOLENDO, *Le attività agricole degli abitanti di Pompei e gli attrezzi agricoli ritrovati all'interno della città*, in *Opus* 4, 1985, pp. 111 ss.

SCATOZZA HORICHT 1985
L. A. SCATOZZA HORICHT, *Le ville nel territorio ercolanese*, in *Cron.Ercol.*, 1985, p.142.

SIDGURSSON 1985
H. SIDGURSSON, *The eruption of Vesuvius in A.D. 79*. In *Nat. Geogr. Res.*, 1985, 1, pp.332 ss.

TORO 1985
A. TORO, *Gli strumenti agricoli in misurare la terra centuriazione e coloni nel mondo romano - Città agricoltura e commercio: materiali da Roma e dal suburbio*, **Modena 1985, pp. 138 ss.**

COMPATANGELO 1986
R. COMPATANGELO, *Archeologia Aerea in Campania settentrionale: primi risultati e prospettive*, in *MEFRA* 98, 2, pp. 595 ss.

CAVALIER, BRUGNONE 1986
M. CAVALIER, A. BRUGNONE, *Bolli delle tegole della necropoli di Lipari*, in *Kokalos* 32, 1986, p. 244 ss.

PAPPALADO et alii 1986
U. PAPPALADO, A. LAGI DE CARO, H. SIGURDSSON, *Ercolano, Cava Montone: villa rustica romana distrutta dal Vesuvio*, in *Tremblements de terre, éruptions volcaniques et vie des hommes dans la Campanie antique (a cura di H. TAZIEFF - G. VALLET)*, Napoli 1986, pp. 95 ss.

CHOUQUER et alii 1987
G. CHOUQUER, M. CLAVEL LEVEQUE, F. FAVORY, *Structures agraires en Italie Centro-Méridionale. Cadastres et paysage ruraux*, in *Collection de l'Ecole Française de Rome* - 100, Roma 1987, pp. 207 ss.

CORNELL, SIGURDSSON 1987
W. CORNELL; H. SIGURDSSON, *Compositional zoning in the Pompei 79 A.D. pumice deposits: magma mixing and observed trends*, 1987, in *EOS*, 68, p.434

DE CARO 1987
S. DE CARO, Villa rustica in località Petraro, in *RIASA* III, X, 1987, pp. 6-89

POZZI 1988
E. POZZI, *Posidonia-Paestum Atti del ventisettesimo convegno di studi sulla Magna Grecia Taranto-Paestum 9-15 ottobre 1987- Rassegne Archeologiche: Campania*, Napoli 1988, pp. 706 ss.

MOURITSEN 1988
H. MOURITSEN, *Elections, Magistrates, and Municipal élite: Studies in Pompeian Epigraphy*, Roma 1988, p. 202.

VECCHIO 1988
G. VECCHIO, *I reperti archeologici di Ponticelli*, in *Atti del Convegno: Ponticelli tra storia e futuro*, in *il Quartiere*, n.39, 1 gennaio 1988, pp.11 ss.

CARANDINI 1989
A. CARANDINI, *La villa romana e la piantagione schiavistica - Alcune ville dell'Italia centrale tirrenica*, in *Storia di Roma caratteri e morfologia (a cura di A. MOMIGLIANO, E A. SCHIAVONE)*, 4, 1989, pp. 155 ss.

CICIRELLI 1989
C. CICIRELLI, *Le ville romane di Terzigno*, Terzigno 1989.

MANCINI 1989
G. MANCINI, Σεπειθοσ - *Misterioso Sebeto*, Napoli 1989.

THÉBERT 1989
Y. THÉBERT, *Lo schiavo*, in *L'uomo romano* (a cura di A. GIARDINA) Roma 1989, pp. 145 ss.

VARONE 1989
A.VARONE, *Scavi di Via dell'Abbondanza (Casa dei Casti Amanti)*, in *RStPomp.*, III, 1989, p. 236 ss.

FERGOLA 1990
L. FERGOLA, in *Rediscovering Pompeii (a cura di L. FRANCHI DELL'ORTO, A. VARONE)*, Roma, *1990*.

PAGANO 1990
M. PAGANO, *Tegulae campane ad Ercolano*, in *Cron. Ercol*, 1990, p.172 ss.

POMPEI 1990
AA.VV., *Pompei pitture e mosaici*, vol. I, Roma 1990

VOLPE 1990
G. VOLPE, *Insediamenti rurali d'età romana*, in *La Daunia nell'età della romanizzazione: Paesaggio agrario, produzione, scambi*, 1990.

BLASON SCAREL, ZACCARIA 1991
S. BLASON SCAREL; C. ZACCARIA, *Prima attestazione della gens Olia ad Aquileia*, in *Aquileia Nostra*, 1991, pp. 311 ss.

CHIOSI, GASPERETTI 1991
E. CHIOSI, G. GASPERETTI, *Rocca D'Evandro (Caserta). Località Porto. Un quartiere artigianale romano sul fiume*, in *Bollettino d'Archeologia*, 11-12, pp.121 ss.

D'ANGELA, VOLPE 1991
C. D'ANGELA, G. VOLPE, *Insediamenti e cimiteri rurali tra tardoantico e altomedioevo nella Puglia centro-settentrionale: alcuni esempi*, in *MEFR 103*, 1991, pp. 785 ss.

D'ISANTO 1993
G. D'ISANTO, *Capua Romana Ricerche di prosopografia e storia sociale*, Roma *1993*.

ESCHEBACH et alii 1993
L. ESCHEBACH; H. ESCHEBACH; J. MÜLLER TROLLIUS, *Gebäudeverzeichnis und Stadtplan der antiken Stadt Pompeji*, 1993.

TASSINARI 1993
S. TASSINARI, *Il vasellame di bronzo di Pompei*, Roma 1993.

DE VANNA 1993
A. DE VANNA, *Viaggio storico introspettivo nel territorio ferrarese - Le testimonianze del passato*, 1993.

BOLLA 1994
M. BOLLA, *Vasellame romano in bronzo nelle Civiche Raccolte Archeologiche di Milano, Rassegna di Studi del Civico Museo Archeologico e del Civico Gabinetto Numismatico di Milano*, Suppl. XI, Milano 1994, pp. 1 ss.

DE CARO 1994
S. DE CARO, *Villa rustica in località Regina a Boscoreale*, Roma 1994

GARCEA 1994
F. GARCEA, *Lucerne fittili*, in *Il complesso archeologico di Carminiello ai Mannesi, Napoli (scavi 1983-1984), (a cura di P. ARTHUR)*, Galatina 1994, pp. 303 ss.

STEFANI 1994
G. STEFANI, *Pompei, vecchi scavi sconosciuti: la villa rinvenuta dal marchese Giovanni Imperiali in località Civita (1907-1908)*, Roma 1994.

DE' SPAGNOLIS CONTICELLO 1995
M. DE' SPAGNOLIS CONTICELLO, *Osservazioni sulle fasi edilizie di alcune ville rustiche seppellite dalla eruzione del 79 d.C. a Scafati, suburbio orientale di Pompei*, in *Archaologie und Seismologie, La regione vesuviana dal 62 al 79 d.C. Problemi archeologici e sismologici*. Roma 1995, pp. 93 ss.

PAGANO 1995
M. PAGANO, *L'area vesuviana dopo l'eruzione del 79 d.C.*, in *RStPomp.* VI, 1995-6, pp. 35 ss.

DI GIOVANNI 1996
V. DI GIOVANNI, *Produzione e consumo di ceramica da cucina nella Campania romana (II a.C.-II d.C.)*, in *Céramiques Communes, BATS* 1996, pp. 65 ss.

GASPERETTI 1996
G. GASPERETTI, *Produzione e consumo della ceramica comune da mensa e dispensa nella Campania romana*, in in *Céramiques Communes, BATS* 1996, pp. 19 ss.

KELLER 1986
S. A. C. KELLER, *Mount St. Helens - five years later, Cheney, WA - Eastern Washington University Press, USA*, 1996, pp. 307 ss.

PESANDO 1996
F. PESANDO, *Autocelebrazione aristocratica e propaganda politica in ambiente privato: la casa del Fauno a Pompei*, in *Cahiers du Centre Gustave Glotz*, 7, 1996. pp. 189 ss.

TORELLI 1996
M. TORELLI, *Industria laterizia e aristocrazie locali in Italia: appunti prosopografici*, **in** *Cahiers du Centre Gustave Glotz* 1996, Vol. 7, n. 7, p. 292 ss.

CLAVEL-LÉVÊQUE et alii 1997
M. CLAVEL-LÉVÊQUE, M. FEUGÈRE, *Villeneuve-Les-Béziers, nouveau cachet gallo-romain en bronze*, in *Instrumentum 6*, déc.1997, p.17.

D'AMBROSIO, DE CAROLIS 1997
A. D'AMBROSIO, E. DE CAROLIS, *I monili dell'area vesuviana, Catalogo generale dei gioielli di Stabia, Ercolano e Pompei*, Roma 1997.

RUGGIERO 1997
M. RUGGIERO, *Degli scavi di Stabia dal 1749 al 1782,* Napoli 1881 (ristampa Castellammare di Stabia 1997).

SORICELLI 1997
G. SORICELLI, *La regione vesuviana dopo l'eruzione del 79 d.C..*, in *Athenaeum 75*, 1997, pp. 139 ss.

CIARALLO, DE CAROLIS 1998
A. CIARALLO, E. DE CAROLIS, *La data dell' eruzione*, in *RStPomp.* IX, 1998, pp. 63 ss.

POMPEI 1998
AA.VV., *Pompei pitture e mosaici*, vol. VIII, Roma 1998

BORRIELLO 1999
M. ROSARIA BORRIELLO, *Nature*, in *Pompeii Life in a Roman Town* (a cura di A. CIARALLO, E. DE CAROLIS), Roma 1999, p. **122.**

CAMODECA 1999
G. CAMODECA, *Nuovi dati dalla riedizione delle Tabulae ceratae della Campania*, in *Atti XI Convegno Internazionale di Epigrafia Greca e Latina*, 1, Roma 1999, pp. 521 ss.

CIONI *et alii* 1999
R. CIONI, D. MORANDI, A. SBRANA, R. SULPIZIO, *L'eruzione delle Pomici di Avellino. Aspetti stratigrafici e vulcanologici*, in *L'eruzione vesuviana delle "Pomici di Avellino" e la facies di Palma Campania (Bronzo Antico)*, (a cura di C. ALBORE LIVADIE), Bari 1999, pp. 61 ss.

MINIERO 1999
P. MINIERO, *La villa di San Marco a Stabia* (a cura di A. BARBET, P. MINIERO), *L'architettura 4, La produzione laterizia*, Napoli-Roma-Pompei 1999, pp. 63 ss.

RUEGG 1999
S. D. RUEGG, *Ricerche subacquee nella Minturnae romana: fiume Liri-Garigliano*, parte II, Minturno 1999.

CIONI *et alii* 2000
R. CIONI, L. GURIOLI, A. SBRANA E G. VOUGIUKALAKIS, *Precursors to the Plinian Eruptions of Thera (Late Bronze Age) and Vesuvius (AD 79): Data from Archaeological Areas* in G. *Physics and Chemistry of the Earth, Part A: Solid Earth and Geodesy* vol. 25 issue 9-11 2000. pp. 719 ss.

OCK 2000
A. OXÉ, H. COMFORT, P. M. KENRICK, *Corpus Vasorum Arretinorum. Second edition completely revised and enlarged*, Bonn 2000.

D'AMBROSIO 2001
A. D'AMBROSIO, *I monili dello scavo di Moregine*, in *MEFRA* 113, 2001, p. 967 e ss.

MASTROLORENZO *et alii* 2001
G. MASTROLORENZO, P. P. PETRONE, M. PAGANO, A. INCORONATO, P. J. BAXTER, A. CANZANELLA, L. FATTORE, *Herculaneum victims of Vesuvius in AD 79*, in *Nature*, 410, pp. 769 ss.

SORICELLI 2001
G. SORICELLI, *Terra sigillata decorata a rilievo da Pompei: la serie "tardo-puteolana"*, in *(a cura di F. SENATORE), Pompei tra Sorrento e Sarno*, Roma 2001, pp. 87 ss.

CAPALDI 2002
C. CAPALDI, *Nuove attestazioni epigrafiche della gens Lucceia*, in *Cuma. Il foro. Scavi dell'università di Napoli Federico II, 2000-2001*, Atti giornata di studi Napoli (C. GASPARRI, G. GRECO edd.), Pozzuoli 2002, pp. 163 ss.

CONSP. 2002
AAVV, *Conspectus Formarum Terrae Sigillatae italico modo confectae*. Bonn 2002

CONTICELLO DE' SPAGNOLIS 2002
M. CONTICELLO DE' SPAGNOLIS, *La villa N. Popidi Narcissi Maioris in Scafati, suburbio orientale di Pompei*, Roma 2002.

PALLECCHI 2002
S. PALLECCHI, *I mortaria di produzione centro-italica: corpus dei bolli*, Roma 2002.

CICIRELLI 2003
C. CICIRELLI, *Terzigno*, in *Storie da un'eruzione Pompei Ercolano Oplontis*, Milano 2003, pp. 214 ss.

D'AMBROSIO 2003
A. D'AMBROSIO. *Gli ornamenti femminili dall'area vesuviana*, in *Storie da un'eruzione Pompei Ercolano Oplontis*, Milano 2003, p. 50 ss.

DE CAROLIS 2003
E. DE CAROLIS, *Le vittime dell'eruzione*, in *Storie da un'eruzione. Pompei, Ercolano, Oplontis* (a cura di A, D'AMBROSIO, P. G. GUZZO, M. MASTROROBERTO), 2003, pp. 56 ss.

FERGOLA 2003
L. FERGOLA, *Oplontis - Villa B*, in *Storie da un'eruzione Pompei Ercolano Oplontis*, Milano 2003, p. 158 ss.

GIOVE 2003
T. GIOVE, *La circolazione monetale a Pompei*, in *Storie da un'eruzione Pompei Ercolano Oplontis*, Milano 2003, pp. 26 ss.

MASTROROBERTO 2003
M. MASTROROBERTO, *La villa rustica di M. Cellius Africanus*, in *Storie da un'eruzione Pompei Ercolano Oplontis*, Milano 2003, p. 447 ss.

STEFANI 2003
G. STEFANI, *Uomo e ambiente nel territorio vesuviano - Guida all'Antiquarium di Boscoreale*, (a cura di G. STEFANI), Pompei 2003.

BONIFAY 2004
M. BONIFAY, *Etudes sur la céramique romaine tardive d'Afrique*, in *BAR, International Series*, 1301, Oxford 2004, pp. 107 ss.

SIRANO 2004
F. SIRANO, *Un'anfora da dispensa da Allifae con bolli "CN.LUCI". Contributo alla comprensione dei modi di produzione e della società nella Campania settentrionale tra il III e il II secolo a.C. con particolare riferimento alla media valle del Volturno*, in *Safinim. Studi in onore di Adriano La Regina per il premio I Sanniti* (a cura di D. CAIAZZA), Piedimonte Matese 2004, pp. 171 ss.

GURIOLI *et alii* 2005
L. GURIOLI, B. HOUGHTON, K. V. CASHMAN, R. CIONI, *Complex changes in eruption dynamics during the 79 AD eruption of Vesuvius*, in *Bull. Volcanol.*, 67, pp. 144 ss..

BORGONGINO 2006
M. BORGONGINO, *Archeobotanica - Reperti vegetali da Pompei e dal territorio vesuviano*, Roma 2006, pp.189 ss.

FEUGÈRE, MAUNÉ 2006
M. FEUGÈRE, S. MAUNÉ, *Les signacula de bronze en*

Narbonnaise, in *Rev.Arch.Narbonnaise 38-39,* 2005-2006, pp. 437 ss

GUIDOBALDI 2006
   M. P. GUIDOBALDI, *L'insula orientalis: La casa del rilievo di Telefo, la casa della Gemma, e la casa di M. Pilius Primigenius Granianus,* in *Gli ozi di Ercole (a cura di F. PESANDO, M. P. GUIDOBALDI),* Roma 2006, pp. 232 ss.

PELLINO 2006
   G. PELLINO, *Rilievi architettonici fittili d'età imperiale dalla Campania,* Roma 2006

CARRADICE, BUTTREY 2007
   I. A. CARRADICE, T. V. BUTTREY. *The roman imperial coinage: From AD 69 to AD 96.* "The Flavians", vol. II, London 2007.

PETRONE 2007
   P. PAOLO PETRONE, *Le vittime ercolanesi dell'eruzione pliniana del 79 A.D,* in *In Itinere - Ricerche di Archeologia in Campania,* Roma 2007, pp. 17 ss.

VALLARINO 2007
   G. VALLARINO, *Novità epigrafiche da Trebula Mutuesca: quattro testi inediti e una revisionedi Cil. XII, 1834,* in *Epigraphica,* vol. LXIX, 2007, pp. 357ss.

ASCARI RACCAGNI 2008
   C. ASCARI RACCAGNI, *Instrumentum Domesticum da Ercolano: la ceramica a pareti sottili,* in *Vesuviana Archeologie a confronto, Poster, 2008.*

CAMODECA 2008a
   G. CAMODECA, *La popolazione degli ultimi decenni di Ercolano,* in *Ercolano Tre secoli di Scoperte (a cura di M. ROSARIA BORRIELLO),* Napoli 2008, pp. 87 ss.

CAMODECA 2008b
   G. CAMODECA, *I ceti dirigenti di rango senatorio equestre e decurionale della Campania romana,* I, Napoli 2008

DE SIMONE 2008
   G. F. DE SIMONE, *Il territorio nord-vesuviano e un sito dimenticato di Pollena Trocchia,* in *Cron.Ercol.* 38, 2008, pp. 329 ss.

HAYES 2008
   J. W. HAYES, *The Athenian Agora, Roman Pottery: Fine-ware Imports,* Vol. XXXII, American School of Classical Studies at Athens Princeton, N.J. 2008.

SORICELLI 2008
   G. SORICELLI, *Un Calice In Terra Sigillata Da Alife***, in Oebalus Studi sulla Campania nell'Antichità 3, 2008, pp. 225 ss.**

DE SIMONE 2009
   G. F. DE SIMONE, *Pollena Trocchia: Archives and Field Survey Results,* in *Apolline Project vol. 1: Studies on Vesuvius' North Slope and the Bay of Naples (G. F. DE SIMONE, R. T. MACFARLANE eds.),* Napoli 2009, pp. 191 ss.

DE SIMONE *et alii* 2009a
   G. F. DE SIMONE, M. Lubrano, R. Cannella, Y. TRNKA-AMRHEIN, *Pollena Trocchia, località Masseria De Carolis: Campagne d'indagine 2006-2009,* RSP 20, 2009, pp. 153 ss.

DE SIMONE *et alii* 2009b
   G. F. DE SIMONE, A. PERROTTA, C. SCARPATI, A. DE SIMONe, R. T. MACFARLANE, *Episodi vulcanici e vulcanoclastici (V-XVII secolo) che hanno sepolto un edificio romano a Pollena Trocchia (Italia),* in *Il Quaternario 22.1,* 2009, pp. 53ss

SAVINO 2009
   E. SAVINO, *L'area vesuviana in età tardo antica: modalità insediative e strutture produttive,* in *(G. F. De Simone - R. T. Macfarlane a cura di), Apolline Project: Studies on Vesuvius' north slope and the Bay of Naples - Università degli studi Suor Orsola Benincasa, Brigham Young University,* 2009, pp. 240 ss.

BOLLA, BUONOPANE 2010
   M. BOLLA, A. BUONOPANE, *Strigili del Museo Archeologico di Verona,* in *Aquileia Nostra* LXXXI, 2010, **p. 418 ss.**

CAMODECA 2010a
   G. CAMODECA, *Sull'elite e l'amministrazione cittadina di Cuma romana,* in *La Praxis municipale dans l'Occident romain (a cura di M. CEBEILLAC GERVASONI) Atti Conv. Emire, Paris ott. 2009,* Clermont-Ferrand 2010, pp. 215 ss.

CAMODECA 2010b
   G. CAMODECA, *Il patrimonio epigrafico latino e l'elitemunicipale di Cumae,* in *Il Mediterraneo e la storia. Incontro internazionale di studio. Epigrafia e archeologia in Campania: letture storiche (a cura di L. CHIOFFI) (Napoli, 4-5 dicembre 2008),* Napoli 2010, pp. 47 ss.

PERROTTA 2010
   A. PERROTTA, *Eruzioni e reinsediamenti sul versante nord del Vesuvio: le terme romane di Pollena Trocchia* in *Giornate di Studio Scienze Naturali e Archeologia,* Napoli 14-16/ottobre/2010, pp. 229 ss.

PERROTTA *et alii* 2010
   A. PERROTTA, C. SCARPATI, A. DE SIMONE, G. F. DE SIMONE, *Eruzioni e reinsediamenti sul versante nord del Vesuvio: le terme romane di Pollena Trocchia,* in *Scienze naturali e archeologia. Il paesaggio antico: interazione uomo/ambiente ed eventi catastrofici (M. R. SENATORE, A. CIARALLO eds.), Atti Museo Archeologico Nazionale, Napoli 14-16 ottobre 2010,* Roma 2010, pp. 189 ss.

DE SIMONE 2011
   G. F. DE SIMONE, *Con Dioniso fra i vigneti del vaporifero Vesuvio,* in *Cron.Ercol.* 41, 2011 pp. 291 ss.

CASCELLA 2012a
   S. CASCELLA, *Le coppe di Cornelius e Perennius e la circolazione della Terra Sigillata della prima età imperiale nell'ager Nolanus,* in *Territorio e Archeologia - Contributi per lo studio dell'Ager Nolanus,* 2012

CASCELLA 2012b
   S. CASCELLA, *Considerazioni preliminari su un*

contesto ceramico d'età adrianeo-antonina dall'area della villa suburbana presso il Teatro Romano di Sessa Aurunca (Ce), in *Oebalus Studi sulla Campania nell'Antichità 7,* 2012, pp. 217 ss.

DE SIMONE 2012

A. DE SIMONE, *La cd. Villa di Augusto in Somma Vesuviana,* in *Meridione, sud e nord del mondo,* XII, 2 e 3, 2012, pp. 338.

DE SIMONE *et alii* 2012

G. F. DE SIMONE, M. LUBRANO, M. TORINO, A. DE LUCA, A. PERROTTA, C. SCARPATI, *La villa con terme di Pollena Trocchia in località Masseria De Carolis: architettura, abitanti, eruzioni,* in *Annali. Università degli Studî Suor Orsola Benincasa* 2011-2012, pp. 195 ss.

MARTUCCI *et alii* 2012

C. S. MARTUCCI, G. BOEMIO, G. TROJSI, G. F. DE SIMONE, *Pollena Trocchia (Na), località Masseria De Carolis. L'analisi dei reperti per la ricostruzione del contesto economico e sociale della villa romana,* in *Amoenitas II,* 2012, pp. 87 ss.

PACILIO 2012

G. PACILIO, *Romanizzazione' della Daunia: l'area garganica* in Ceramica romana nella Puglia Adriatica (a cura di C. S. FIORELLO), Bari 2012, pp. 35 ss.

RESCIGNO, VECCHIO 2012

C. RESCIGNO, G. VECCHIO, Un corteo dionisiaco da Nola - Le terrecotte architettoniche dalla domus di Via Polveriera, in *Oebalus Studi sulla Campania nell'Antichità 7*, pp. 27 ss.

STEFANI 2012

G. STEFANI, *L'ager pompeianus dopo il 79 d.C. vecchi dati e nuovi rinvenimenti,* in *Oebalus Studi sulla Campania nell'Antichità 7,* 2012, pp. 143 ss.

TONIOLO 2012

L. TONIOLO, *Napoli tardo-antica. Nuovi dati dal centro urbano: il contesto dei Girolomini,* in *RCRF Acta 42,* pp. 239 ss.

VOLLARO 2012

E. VOLLARO, *Su alcune sime da Pompei: il tipo con Dioniso ed Eroti* in *Oebalus Studi sulla Campania nell'Antichità 7,* pp. 87 ss.

FATTORE 2013

L. FATTORE, *Gli scheletri di Ercolano. Le ultime evidenze e una sintesi di tre campagne di scavo e studio,* in *Cron.Ercol.* 43, 2013.

www.ingramcontent.com/pod-product-compliance
Lightning Source LLC
Chambersburg PA
CBHW041707290426
44108CB00027B/2886